D0249209

Mermeladas caseras

80 recetas que salen bien

Edita: Lectio Ediciones y Ártabro Editora
1ª edición: Junio 2012

© 2012: Lectio Ediciones
C/ de la Violeta, 6
43800 Valls
Tel. (+34) 977 60 25 91
Fax (+34) 977 61 43 57
www.lectio.com
lectio@ lectio.es

Ártabro Editora
Polígono Pocomaco, 2ª Avenida,
Parcela A2/22
15190 A Coruña
Tel. (+34) 981 174 296
Fax (+34) 981 915 698
www.baiaedicions.net

Traducción: Ramon Sala Gili

Impresión: Gráficas Gómez Boj, Molins de Rei

ISBN Lectio: 978-84-15088-54-7
ISBN Ártabro: 978-84-938192-9-3
Dep. legal: T-428-2012

La Menestra · 1

Mermeladas caseras

80 recetas que salen bien

Núria Duran
Montserrat Roig

Para Ramon Pascual, por haber permanecido
a nuestro lado día tras día.
Sin ti, este libro no sería lo que es.

Damos las gracias por su desinteresada colaboración a Eugeni Fors,
Lourdes Margarit, Núria Marimon, Mònica Pascual, Pau Pascual,
Roger Pascual, Josep M. Padrol, Inès Strasser y Marta Vallès.

Conozco muy bien a las autoras y he tenido la oportunidad de vivir el día a día de la génesis y preparación de este libro.

Debo reconocer que es la primera vez que alguien me pide que escriba un prólogo a una obra suya; al ponerme a ello me di cuenta de que era más difícil de lo que me parecía. Aunque he escrito muchos libros (y me han escrito muchos prólogos) sólo ahora me he dado cuenta de lo complejo que resulta aceptar una labor así.

La mayoría de prólogos consisten en una relación de las virtudes del prologado, los aciertos de su obra y cuán necesaria era. A mí, más que del libro, me gustaría hablar de las autoras y del trabajo que han llevado a cabo.

Os hablo de Núria: su formación académica le ha permitido ejercer de profesora de Ciencias Naturales en un IEM durante muchos años, en el transcurso de los cuales ha adquirido las costumbres de una científica: meticulosidad, rigor, capacidad de hacer propuestas y formularse preguntas, experimentar hasta sentirse satisfecha de los resultados obtenidos y saber evaluarlos. Creo que es el mismo método que ha aplicado a este libro de mermeladas; el resultado es tan satisfactorio que será una delicia para quienquiera que aprecie un buen recetario, con la seguridad de que las mermeladas salen bien.

Os hablo de Montserrat: pasó su infancia en medio de los olores de las plantas aromáticas que procesaban en la empresa de su familia. No es de extrañar que creciera amando las plantas del jardín y los condimentos. Ama de casa con un alto nivel de autoexigencia, ha dedicado muchísimas horas a la preparación de conservas caseras. Cuando Núria le propuso escribir este libro, sabía muy bien lo que hacía.

Os puedo asegurar que han pasado más tiempo delante de los fogones que sentadas ante la mesa de escribir. Con sonrisa satisfecha han compartido los pequeños logros y se han llamado por teléfono para anunciar grandes noticias, como que una jalea ha adquirido por fin la consistencia deseada o que una mermelada ha mejorado mucho al añadirle no sé qué.

Con esta ilusión y sin ahorrar esfuerzos han hecho un libro que da gozo de ver. Quienquiera que lo utilice descubrirá la particular sensibilidad de las autoras, dándose cuenta de que nos proponen mucho más que preparar mermeladas, y nos sugieren el espíritu con que hay que hacerlas: aconsejan llenar una despensa para almacenar posibilidades de hacer felices a los demás.

RAMON PASCUAL

Introducción

Generalidades

Desde tiempos remotos, descubrir cómo conservar los alimentos ha constituido todo un reto para el ser humano; de ello dependía poder eludir la cotidiana tarea de recolectar o cazar, permitiendo disfrutar en invierno de los sabrosos frutos de verano. Al parecer, la primera referencia escrita a una mermelada aparece en la *Historia natural* de Plinio (siglo I), donde se le dedica algo más que una línea de texto en un tratado de diecisiete tomos.

Hasta las postrimerías del siglo XIV no encontramos consignada la referencia siguiente. En un libro titulado *Le Ménagier de Paris (Traité de morale et d'économie domestique, composé en 1393 par un bourgeois parisien)* encontramos recetas de frutos como los membrillos, confitados en miel.

Hay que esperar al siglo XIX para la gran difusión de las mermeladas. Una burguesía en pleno auge imita el modo de alimentarse de la aristocracia, aprovechando el progreso de la agricultura, la disponibilidad de frutas buenas y el abaratamiento del azúcar, hasta entonces un producto de lujo.

Hoy las estanterías de cualquier supermercado están llenas de mermeladas frecuentemente repletas de edulcorantes, conservantes y pectinas industriales, sin el aroma y la ligera textura de una confitura hecha en casa. La preparación de una buena mermelada lleva implícita una gran variedad de posibilidades, el goce de la creatividad y la satisfacción de poder ofrecer a los demás aquello que uno ha hecho con sus manos. Un bote de mermelada es un delicado obsequio para un amigo que haya venido a visitarnos o una familia que nos ha invitado a cenar. Se pasan muy buenos ratos escogiendo la fruta, preparando los útiles necesarios, registrando las recetas en un cuaderno, dibujando las etiquetas y guardando con gracia los botes en una balda donde puedan apreciarse.

La fruta

Ha de ser de idéntica calidad que la que se pone en la mesa. Hacer una mermelada no es una buena solución para aprovechar la fruta que ha madurado en exceso o que está a punto de estropearse.

Cuando se disponga de una gran cantidad de fruta, no conviene preparar mucha cantidad a la vez; lo mejor es no hacer más de un kilo o dos porque, si no, hay que cocerla más tiempo y esto afecta a la calidad.

Hay muchas **frutas silvestres** con las que hacer mermeladas. A menudo son más ásperas y menos azucaradas que las frutas cultivadas, pero suelen ser más aromáticas. La falta de dulzor se compensa añadiendo un poco más de azúcar. Arándanos, moras, frambuesas, fresas, saúcos o endrinas (entre otros) son todos muy buenos.

Las frutas silvestres deben cogerse siempre de lugares que estén limpios y alejados de caminos o carreteras donde se contaminan con el polvo que levantan los animales y los gases de escape de los automóviles. Hay que ser respetuosos con la naturaleza y arrancar las frutas con cuidado y moderadamente.

Se pueden utilizar **frutas congeladas** tanto adquiridas en el supermercado como conservadas cuando abundaban.

Para congelarlas, previamente hay que lavarlas, pelarlas y extraer las pepitas. Luego se ponen en bolsas adecuadas sin llenarlas demasiado para poderlas utilizar una a una. Se etiquetan con el nombre, peso y fecha. No conviene guardarlas más de un año.

Para utilizarlas, se sacan del congelador y se ponen en la nevera. Una vez descongeladas hay que utilizarlas enseguida, como si se tratara de fruta fresca.

Utensilios de cocina

Si se suele preparar mermeladas a menudo, es aconsejable tener utensilios que sólo se utilicen para esto. De no hacerlo así, por mucho cuidado que se tenga al limpiar una olla o un colador, pongamos por caso, siempre pueden quedar pequeñas cantidades de grasas que estropeen el sabor de la conserva.

Las mejores **ollas y cazuelas** son las de aluminio prensado con revestimiento antiadherente. No hay que utilizar las de cobre estañado o de hierro. A temperaturas elevadas el estaño reacciona con los ácidos de la fruta y emite productos tóxicos. Por su parte el hierro se combina con algunos de los pigmentos naturales, lo que altera el color de la mermelada, ennegreciéndola. Si se utilizan ollas de acero inoxidable conviene que tengan el fondo revestido con un metal que sea buen conductor del calor; de lo contrario, la mermelada se nos pegará.

La cazuela debe tener como mínimo el doble de volumen que la mermelada que queramos preparar. Ha de ser más ancha que alta a fin de facilitar la evaporación del agua durante la cocción.

Para reposar la fruta en azúcar durante muchas horas, hay que utilizar recipientes de plástico o vidrio; nunca metálicos.

Los **cuchillos** han de ser de acero inoxidable; los otros, incluso si son de acero, pueden manchar el color de la fruta y oscurecerla.

Es aconsejable que los **chinos** o coladores tengan una malla tupida y que sean de acero inoxidable. Hay que disponer de varios tamaños. Deben limpiarse con-

cienzudamente: en sus agujeros pueden quedar atrapadas partículas que al descomponerse acaben dando un mal sabor a lo que se cuele.

La **cuchara para remover** ha de ser de madera, con una amplia pala y un mango largo para no quemarse. Debe utilizarse exclusivamente para preparar mermeladas.

Es indispensable una **espumadera** de acero inoxidable; durante la cocción de la mezcla hay que retirar continuamente la espuma que hace.

El **cucharón**, asimismo de acero inoxidable y con pico, facilita el vertido de la mermelada en los botes.

El **embudo** debe ser de cuello ancho; mejor que sea de plástico, material neutro que no altera ninguna propiedad de las mermeladas.

Para cortar bien las frutas es recomendable disponer de una **mandolina** resistente y capaz de cortar rodajas finas y gruesas.

La **batidora** es imprescindible para triturar la fruta cuando sea oportuno. Mejor que sea de dos velocidades, que permita hacer un trinchado más grueso o más fino.

La **balanza** para pesar los ingredientes, preferentemente digital, debe tener capacidad para pesar hasta 5 kg.

Es mejor que el **medidor** sea de vidrio, con la escala graduada en centímetros cúbicos (cc) para los distintos productos: agua, azúcar y otros. Para medir pequeñas cantidades de líquidos y especias hay que tener un juego de **cucharillas graduadas**.

Resulta útil disponer de un **deshuesador** para sacar fácilmente las pepitas o huesos de algunas frutas (como las cerezas).

Por último, para conseguir buenos resultados nos harán falta dos artilugios medidores: un **termómetro** con graduación hasta los 110° C (o uno digital que llegue hasta esa temperatura), que nos permita saber que la mermelada está en su punto y poder retirarla del fuego, y un **densímetro** para medir la consistencia de las jaleas en grados Baumé, para lo mismo.

Todos estos utensilios nos facilitarán la tarea, mejorando el control de cada proceso, aunque la experiencia también cuenta y no hace falta complicarse la vida si se sabe decir cuándo una mermelada está en su punto, basándose en el color que tiene, la consistencia de unas gotas que se vierten en un plato frío o si una jalea está en su grado óptimo de gelificación y debe retirarse del fuego.

El envasado

Mermeladas, confituras, chutneys, agridulces y *relishes* se guardan en botes de vidrio.

Los **botes de vidrio** más aconsejables son los provistos de arandela de goma y tapa con cierre de seguridad. Se pueden reciclar los botes de conserva, aunque se corre el riesgo de que el cierre haya dejado de ser hermético y la mermelada acabe estropeándose. Para evitarlo es mejor comprar tapas nuevas (las hay de todos los tamaños).

El proceso de envasado más común, quizá el más fácil y que asegura la conservación durante más o menos un año, es el siguiente:

1. Limpiar meticulosamente los botes. Lo mejor es ponerlos en el lavavajillas y guardarlos ahí hasta el momento en que se vayan a hacer servir.
2. Si no se han lavado en la máquina, escaldarlos con agua hirviendo y dejar que se escurran.

3. Llenarlos con ayuda de un embudo y un cucharón.
4. Limpiar el borde con un trapito empapado en alcohol apto para el consumo humano o en coñac. No debe utilizarse alcohol sanitario.
5. Cerrar cuidadosamente cada bote.
6. Esterilizar los botes en una olla con agua que los cubra. Llevar el agua a la ebullición. Normalmente, para botes de 1/2 kg, basta con hervirlos 20 minutos. Si son más grandes hay que dejarlos hervir más rato, hasta que el calor llegue al centro del interior y mate a los microorganismos que pueda haber en medio de la mermelada.
7. Sacarlos de la olla y guardarlos sobre un trapo limpio cabeza abajo.
8. Enjugarlos bien y una vez enfriados etiquetarlos con el tipo de mermelada que contienen y la fecha de preparación.
9. Guardarlos en un lugar fresco y oscuro.

Una manera de ahorrarse la esterilización consiste en recortar un círculo de papel del mismo diámetro que la boca del bote, empaparlo en alcohol apto para el consumo humano o coñac y colocarlo entre la tapa y el bote.

Equivalencia de las unidades de peso y volumen

Las unidades de peso y volumen que se utilizan en las recetas son: kilo (kg), gramo (g), litro (l) y centímetro cúbico (cc).

En ocasiones también se utilizan expresiones como *una cucharada;* una manera práctica de medir 12 g de azúcar.

Equivalencias

1 kilo (kg)	1.000 gramos (g)
1 litro (l)	1.000 centímetros cúbicos (cc)
1 vaso grande de agua	250 cc = un cuarto de litro
1 cucharada sopera de agua	15 cc
1 cucharadita (de café) de agua	5 cc
1 cucharadita (de moca) de agua	2,5 cc
1 cucharada sopera de azúcar	12 g
1 cucharadita (de café) de azúcar	6 g

Los tiempos de cocción indicados al pie de cada receta no incluyen el remojo, el escaldado u otras operaciones. En cualquier caso, sus tiempos son aproximados.

Mermeladas y confituras

A la hora de definir qué es una mermelada y qué es una confitura hay división de opiniones. Incluso los diccionarios son ambiguos. Nosotras hemos seguido el criterio de que una **mermelada** es el resultado de cocer la pulpa de una fruta con azúcar, en presencia de pectina y en un medio ácido. Para obtener una buena mermelada, consistente y homogénea (suficientemente blanda para esparcirla sobre una tostada y con la consistencia necesaria para que no se derrame), hay que calcular y controlar los niveles de pectina y acidez.

Una **confitura** es más compacta que una mermelada y contiene trozos de fruta que no se han deshecho con la cocción. Debe ser consistente pero con una cierta fluidez; no debería poderse cortar con un cuchillo. Hay también quien opina que una confitura es el resultado de cocer la pulpa de una fruta en un jarabe denso de azúcar.

Según el tipo de fruta se seguirá uno de los procesos siguientes que están explicados detalladamente en cada receta:

1. Maceración de la fruta en azúcar. Cocción.
2. Cocción de la fruta en agua. Adición de azúcar. Una segunda cocción.
3. Preparación de un almíbar con azúcar y agua. Adición de la fruta. Cocción.

Para obtener unas buenas mermeladas o confituras hay que conseguir un equilibrio entre sus componentes básicos: fruta, azúcar, pectina y acidez.

Introducción

La **fruta** debe ser madura y de primera calidad. No debe aprovecharse la fruta pasada o tarada, y hay que lavarla bien incluso si luego va a pelarse.

Para obtener una mermelada con la textura y consistencia adecuadas es muy importante utilizar la cantidad de **azúcar** adecuada, que dependerá del tipo de fruta y de su grado de maduración (es decir, de la fructosa que contiene). No es bueno que el azúcar que se añada sea menos de 750 g por kg de fruta limpia, no en vano actúa como conservante.

Si está bien refinado es indiferente que el azúcar sea de caña o remolacha. El azúcar moreno no está refinado.

La **pectina** es un hidrato de carbono presente en mayor o menor cantidad en todas las frutas, sobre todo en la piel y las semillas. El contenido varía en función de que la fruta esté verde o madura. Por esto, cuando una fruta no contiene mucha pectina debe añadirse un poco de fruta verde o una manzana a fin de aumentar su nivel.

La **acidez** necesaria para que una mermelada gelatinice bien y alcance la consistencia deseada, una vez sabidas cuáles son las frutas que más lo requieren, puede conseguirse añadiendo zumo de limón durante la elaboración.

Una acidez correcta evita que el azúcar cristalice de nuevo una vez se ha envasado la mermelada y ayuda a su conservación; las bacterias no crecen en un medio ácido.

Contenido en pectina y acidez de algunas frutas

Fruta	*Pectina*	*Acidez*
Manzana	Alto	Media
Membrillo	Alto	Baja
Ciruela	Alto	Alta
Grosella	Alto	Alta
Endrina	Alto	Baja
Limón	Alto	Alta
Frambuesa	Medio	Media
Mora	Medio	Media
Melocotón	Medio	Baja
Cereza	Bajo	Media
Fresa	Bajo	Baja
Pera	Bajo	Baja

La **temperatura** ideal que indica que la mermelada ya está hecha es de alrededor de los 104° C. Es muy práctico tener un termómetro adecuado como los que venden en las tiendas de utensilios de cocina.

El tiempo de cocción a partir del momento en que arranca el hervor indicado en las recetas es aproximado y en él intervienen varios factores (intensidad de la llama y el agua contenida en una fruta concreta).

Mermelada de albaricoque

La mermelada de albaricoque es la más adecuada para rellenar el bizcocho de los pasteles más corrientes por su sabor suave y aromático.

Ingredientes:

- **1 kg de albaricoques**
- **700 g de azúcar**
- **1/2 limón**

Preparación

Sacar los huesos de los albaricoques y ponerlos sin pelar en un recipiente, añadir el azúcar y el zumo de medio limón, dejarlo reposar 12 horas.

Luego, triturarlos con la batidora y cocerlos a fuego lento 20 minutos contados a partir del momento en que arranquen a hervir, removiendo y espumando de vez en cuando.

Se envasa en botes de vidrio previamente escaldados. Se ponen los botes en una olla con agua y se hierven durante 15 o 20 minutos. Se dejan enfriar, se secan bien y se etiquetan.

20 + 20 minutos

Mermelada de berenjena

Esta mermelada, muy original y poco conocida, liga bien tanto con los sabores dulces como con los salados, sobre todo con los ahumados y las tapas.

Ingredientes:

- **1 kg de berenjena**
- **800 g de azúcar**
- **1 corteza de canela**
- **1 limón**

Preparación

Enjuagar las berenjenas enteras y cortarlas a trozos regulares. Hervirlas 7 minutos en una olla con agua y sal. Escurrirlas a conciencia, pasarlas por un prensapurés y reservarlas.

Poner 500 cc de agua, el azúcar, la corteza de canela y la piel del limón en una olla. Cuando empiece a hervir, añadir el puré de berenjenas.

Cocer a fuego moderado durante unos 20 minutos.

Apartar del fuego y verter el zumo de limón.

Se envasa en botes de vidrio previamente escaldados. Se ponen los botes en una olla con agua y se hierven durante 15 o 20 minutos. Se dejan enfriar, se secan bien y se etiquetan.

7+ 20 + 20 minutos

Mermelada de pomelo

El pomelo es un cítrico llegado no hace mucho a nuestro país, que por su pronunciada acidez no es santo de devoción para todo el mundo. En cambio, es delicioso en mermelada; al añadirle azúcar y cocinarlo adquiere un delicado sabor y un delicioso aroma.

Ingredientes:

- **1 kg de pomelos**
- **1 kg de azúcar**

Preparación

Hervir los pomelos hasta que se ablanden. Ponerlos a remojar en agua fría durante 2 días, cambiando el agua cada 12 horas. Partirlos en cuatro, sacar las pepitas y reservar la pulpa.

Con un cuchillo que esté bien afilado cortar la piel de dos pomelos en tiras muy finas, vigilando que no se les pegue la piel interior blanca.

Triturar la pulpa de los demás pomelos con una batidora, añadir el azúcar y las tiras de piel y 600 cc de agua. Dejarlo reposar todo en la nevera durante 12 horas. Luego, cocerlo a fuego lento durante 20 minutos, removiéndolo a menudo.

Se envasa en botes de vidrio previamente escaldados. Se ponen los botes en una olla con agua y se hierven durante 15 o 20 minutos. Se dejan enfriar, se secan bien y se etiquetan.

20 + 20 + 20 minutos

Arrope

Se prepara siempre con zumo de uvas blancas o negras. Después se combina con diversas frutas (las de la rococta u otras) cortadas a trozos. Con calabaza queda muy bien.

Ingredientes:

- **2 l de zumo de uva**
- **1 kg de azúcar**
- **2 kg de melocotones**
- **2 kg de peras**
- **6 trozos de melón verde**
- **6 trozos de sandía**

Preparación

Se pasan las uvas por la licuadora hasta obtener 2 litro de zumo. Se ponen en una olla y se hierven hasta reducir el volumen a la mitad. Entonces se añade el azúcar y se deja hervir 5 minutos más, espumándolo sin parar. Reservar el almíbar obtenido.

Se pelan y despepitan los gajos de melón y de sandía y se trocean, poniéndolos a hervir hasta que se ablanden. Sacarlos, enfriarlos con agua del grifo y escurrirlos. Se pelan las peras, se les saca el corazón (la parte central) y se cortan a trozos, poniéndolas a hervir con agua que las cubra. Cuando se hayan ablandado, se escurren. Los melocotones basta con pelarlos y cortarlos.

Se mezclan todas las frutas con el almíbar y se pone todo a cocer en una olla, dejándolo hervir a fuego lento durante 40 minutos.

Se envasa en botes de vidrio previamente escaldados. Se ponen los botes en una olla con agua y se hierven durante 15 o 20 minutos. Se dejan enfriar, se secan bien y se etiquetan.

26 + 40 + 20 minutos

Confitura de cabello de ángel

Con confitura de cabello de ángel se rellenan diversas especialidades de repostería, como los pastissets de las Tierras del Ebro o las tortas de alma en el Bajo Aragón o las ensaimadas mallorquinas. La torta de Reyes tradicional se hace con mazapán, pero no es raro que se rellene también con cabello de ángel.

Ingredientes:

- **1 cidra cayote**
- **Azúcar en la proporción que se indica**
- **1 limón**
- **1 corteza de canela**

Preparación

Se parte la cidra cayote en tres o cuatro trozos y se pone a hervir en una olla con agua que la cubra. Cuando esté cocida, dejadla enfriar un rato.

Se rasca el cabello de ángel con una cuchara y se va echando en un recipiente con agua fría, donde se deja reposar unas 3 horas, cambiando de aguas dos veces.

Después se sacan las semillas y se escurre la pulpa con las manos. Se pesa, se añade el mismo peso en azúcar, la piel del limón y la corteza de canela, poniéndolo todo a cocer, removiéndolo periódicamente hasta que adquiere un color caramelo.

Se saca la piel de limón y la corteza de canela.

Se envasa en botes de vidrio previamente escaldados. Se ponen los botes en una olla con agua y se hierven durante 15 o 20 minutos. Se dejan enfriar, se secan bien y se etiquetan.

30 + 25 + 20 minutos

Confitura de cabello de ángel y naranja

El cabello de ángel es una mermelada hecha con la cidra cayote, una especie de calabaza con pulpa que se deshilacha, originaria de Centroamérica, que los españoles trajeron desde México. La cidra es de color verde con rayas blancas y tiene la corteza muy dura.

En esta mermelada la naranja aporta un aroma bien particular, haciéndola distinta de la receta anterior.

Ingredientes:

- **1 cidra cayote mediana**
- **4 naranjas**
- **azúcar según la proporción indicada**
- **1 corteza de canela**

Preparación

Partir la cidra en 4 o 5 trozos y hervirla. Cuando esté hecha, dejarla enfriar y separar el cabello de ángel con una cuchara, vertiéndolo en un recipiente con agua fría. Dejarlo reposar 3 horas, cambiándole el agua dos veces.

Luego, sacarle las pepitas y escurrirlo con las manos. Ponerlo en una cazuela y añadir las naranjas peladas y troceadas. Pesarlo todo y añadir el mismo peso de azúcar y la corteza de canela.

Mezclarlo bien mezclado y cocerlo a fuego lento hasta que se espese y adquiera un color de caramelo, removiéndolo de vez en cuando.

Se envasa en botes de vidrio previamente escaldados. Se ponen los botes en una olla con agua y se hierven durante 15 o 20 minutos. Se dejan enfriar, se secan bien y se etiquetan.

30 + 25 + 20 minutos

Confitura de calabaza y naranja

Los cítricos tienen la virtud de mejorar el buen sabor de cualquier mermelada, algo, en el caso presente, más conveniente que nunca puesto que la calabaza es un fruto bastante insípido y poco aromático. En cambio, combinada con la naranja la calabaza da una confitura deliciosa.

Ingredientes:

- **1 kg de calabaza**
- **1 kg de naranjas**
- **1,2 kg de azúcar**

Preparación

Pelar la calabaza y las naranjas: desgajar estas últimas y trocear a dados la primera.

Mezclarlo todo con el azúcar y dejarlo reposar una noche. Luego, cocerlo una media hora, removiéndolo y espumándolo con frecuencia.

Se envasa en botes de vidrio previamente escaldados. Se ponen los botes en una olla con agua y se hierven durante 15 o 20 minutos. Se dejan enfriar, se secan bien y se etiquetan.

30 + 20 minutos

Confitura de calabaza al jengibre

El jengibre es una planta oriunda del sureste asiático, con un tallo aéreo que emerge de un rizoma grueso de gusto ligeramente picante.

Se cultiva en parajes de clima tropical.

Ingredientes:

- **1 kg de calabaza bien madura**
- **1 kg de azúcar**
- **50 g de naranja confitada**
- **50 g de jengibre**
- **1/2 limón**

Preparación

Se pela la calabaza, se le extraen las pepitas y se corta su pulpa a trozos. Se pone todo en un recipiente con 250 g de azúcar y 300 cc de agua. Se deja reposar una noche.

Se cuela el líquido que haya soltado y se pone en una cazuela. Añadir la naranja confitada cortada en trozos muy pequeñitos, las ralladuras de la piel del limón, el jengibre pelado y troceado y el resto del azúcar.

Se pone la cazuela en el fuego y se deja cocer hasta que haga un almíbar denso. En este momento se añade la pulpa de calabaza y se cuece todo a fuego lento durante 1 hora, removiéndolo frecuentemente.

Se envasa en botes de vidrio previamente escaldados. Se ponen los botes en una olla con agua y se hierven durante 15 o 20 minutos. Se dejan enfriar, se secan bien y se etiquetan.

20 + 60 + 20 minutos

Mermelada de caqui

El palosanto o caqui es un árbol originario de China y Japón que desde el siglo XIX se cultiva en muchos países de clima cálido de Europa y América.

Cuando están verdes, los caquis son muy ásperos. Para que maduren en casa hay que ponerlos dentro de una bolsa de plástico con unas cuantas manzanas y esperar unos días.

Ingredientes:

- **1 kg de caquis limpios y pelados**
- **1 kg de azúcar**
- **1 limón**
- **1 vaina de vainilla**
- **1 copita de ron**

Preparación

Limpiar los caquis con un trapo, escaldarlos con agua hirviente y ponerlos en agua fría.

Quitarles inmediatamente la piel y los pedúnculos. Cortarlos a trozos.

Poner los trozos en una cazuela junto con el azúcar, las ralladuras de la piel del limón y la vaina de vainilla abierta por la mitad.

Cocer a fuego lento durante 1 hora, hasta que la mermelada adquiera la consistencia deseada.

Apartarla del fuego, dejarla enfriar un poquitín y añadir la copita de ron.

Se envasa en botes de vidrio previamente escaldados. Se ponen los botes en una olla con agua y se hierven durante 15 o 20 minutos. Se dejan enfriar, se secan bien y se etiquetan.

60 + 20 minutos

NOV 20

Mermelada de calabacín con limón

Esta mermelada liga muy bien con las carnes rojas preparadas a la brasa o a la plancha.

Ingredientes:

- **600 g de calabacín**
- **1 manzana**
- **1/2 kg de azúcar**
- **1 limón**
- **4 clavos de especia**
- **100 cc de vino blanco**

Preparación

Cortar a trozos el calabacín. Pelar la manzana, sacarle el corazón y trocearla. Ponerlo todo en una cazuela con el zumo del limón y el vino. Cocerlo a fuego lento 10 minutos. Luego, triturarlo con la batidora.

Añadir el azúcar y los clavos de especia. Volverlo a cocer otros 20 minutos, hasta que tome una consistencia de mermelada.

Sacar los clavos.

Se envasa en botes de vidrio previamente escaldados. Se ponen los botes en una olla con agua y se hierven durante 15 o 20 minutos. Se dejan enfriar, se secan bien y se etiquetan.

10 + 20 + 20 minutos

Mermelada de castañas

El castaño no es un árbol autóctono puesto que fue introducido en nuestro país por los romanos. No obstante, se ha adaptado muy bien a los hábitats frescos y húmedos. Las castañas vienen de tres en tres dentro de una cubierta espinosa. Se recogen en otoño y es tradicional comerlas asadas en la noche de Todos los Santos.

Esta mermelada acompañada de helado de nata constituye un buen postre. También liga muy bien con un plato de carne de caza, aunque si se va a destinar a esto es aconsejable no hacerla tan dulce.

Ingredientes:

- **1 kg de castañas**
- **600 g de azúcar**
- **1 vaina de vainilla**

Preparación

Se pelan las castañas y se hacen hervir para poderles sacar fácilmente su segunda piel. Se escurren, se pelan y se trituran con la batidora.

Preparar un almíbar con el azúcar, 500 cc de agua y la vaina de vainilla. Se añaden las castañas trituradas y se dejan cocer 20 minutos. Si se espesan demasiado se añade un poco de agua hasta obtener la textura deseada.

Se envasa en botes de vidrio previamente escaldados. Se ponen los botes en una olla con agua y se hierven durante 15 o 20 minutos. Se dejan enfriar, se secan bien y se etiquetan.

30 + 20 + 20 minutos

Mermelada de cebolla

Es una mermelada muy apropiada para acompañar carnes asadas o lomo a la sal. También añade alegría a un plato de verduras hervidas.

Ingredientes:

- **1 kg de cebollas**
- **1/2 kg de azúcar**
- **1 limón**

Preparación

Pelar y trocear las cebollas. Ponerlas en una cazuela con el azúcar y el zumo del limón. Dejarlo reposar 1 hora.

Luego cocerlo 1 hora a fuego lento, removiéndolo a menudo.

Al terminar se pueden triturar un poco para obtener la textura que uno desee.

Se envasa en botes de vidrio previamente escaldados. Se ponen los botes en una olla con agua y se hierven durante 15 o 20 minutos. Se dejan enfriar, se secan bien y se etiquetan.

60 + 20 minutos

Confitura de tres cítricos

Aunque a primera vista pueda parecer que será una confitura de sabor muy ácido, lo cierto es que el proceso de preparación y el azúcar que se añade le dan un aroma y un gusto que complace a todo el mundo.

Ingredientes:

- **350 g de naranjas**
- **350 g de limones**
- **700 g de pomelos rosados**
- **2 kg de azúcar**

Preparación

Con un cuchillo afilado o una mandolina, cortar naranjas, pomelos y limones en láminas finas. Quitar las pepitas.

Poner toda la fruta en un recipiente con agua abundante y dejarla en remojo todo un día.

Luego, escurrirla y ponerla en una cazuela. Añadir 2 litros de agua y el zumo del limón. Tapar la cazuela y cocerlo una hora y media a fuego bajo.

Transcurrido este tiempo, añadir el azúcar y cocerlo otros 20 o 30 minutos a fuego alto con la cazuela destapada, hasta que adquiera la consistencia deseada, removiendo y espumando regularmente.

Se envasa en botes de vidrio previamente escaldados. Se ponen los botes en una olla con agua y se hierven durante 15 o 20 minutos. Se dejan enfriar, se secan bien y se etiquetan.

90 + 25 + 20 minutos

Confitura de ceps

La confitura de estas setas (Boletus edulis) *es bien original y será muy apreciada por los amantes de sabores nuevos. Acompaña muy bien los platos de carnes asadas.*

Ingredientes:

- **1/2 kg de cebollas**
- **20 g de ceps secos o 100 g de setas frescas**
- **Azúcar en la proporción que se indica**
- **1 limón**

Preparación

Se ponen los ceps en remojo durante 30 minutos. Pelar y cortar las cebollas en rodajas bien finas y cocerlas a fuego lento 15 minutos. Se escurren las setas, se tiran encima de la cebolla y se cuece hasta que la cebolla esté hecha. Añadir unas gotas de zumo de limón.

Se pesa la mezcla y se pone en una cazuela. Se le añade el 65% de su peso en azúcar y se deja en reposo unas 8 horas. Transcurrido este tiempo se pone al fuego lento y se cuece unos 15 minutos, removiéndolo frecuentemente.

Si la primera vez la encontráis excesivamente dulzona, en veces sucesivas podéis reducir la cantidad de azúcar.

Se envasa en botes de vidrio previamente escaldados. Se ponen los botes en una olla con agua y se hierven durante 15 o 20 minutos. Se dejan enfriar, se secan bien y se etiquetan.

15 + 15 + 20 minutos

Confitura de cereza

Para preparar esta confitura hacen falta cerezas maduras en una cantidad que no supere los 2 kg, de lo contrario al cocerlas se arrugarán y perderán su hermoso color rojo.

Con las grosellas se aporta la pectina y acidez que les hace falta a las cerezas para darle a esta confitura la consistencia adecuada, dotándola de un aroma especial.

Ingredientes:

- **1 kg de cerezas**
- **250 g de grosellas rojas**
- **1,1 kg de azúcar**

Preparación

Se limpian y deshuesan las cerezas. Se pone en el fuego una cazuela con 500 cc de agua y el azúcar, y se deja hervir hasta que el jarabe empieza a espesar. Añadir las cerezas y cocer 20 minutos. Se reservan.

Se limpian y escurren las grosellas. Se cuecen a fuego lento 6 minutos en una cazuela con 250 cc de agua, removiéndolas y apretándolas con la espátula para que suelten su jugo. Se cuelan con un chino. El jugo que sacan se añade a las cerezas cocidas. Se pone todo en el fuego otros 5 minutos contados a partir del instante en que arrancan a hervir, removiéndolas y espumándolas a menudo.

Antes de apartarla del fuego hay que comprobar que la confitura esté en su punto, dejando caer una gota sobre un plato frío y observando su consistencia. Si no está, se continúa un rato más: el resultado final debe ser como si las cerezas estuvieran sumergidas en una jalea.

Si se desea una preparación más homogénea se puede pasar por la batidora.

Se envasa en botes de vidrio previamente escaldados. Se ponen los botes en una olla con agua y se hierven durante 15 o 20 minutos. Se dejan enfriar, se secan bien y se etiquetan.

20 + 6 + 5 + 20 minutos

Mermelada de cereza, fresa y albaricoque

Esta mermelada es el resultado de la conjunción de tres aromas distintos que se complementan muy bien. Tiene un sabor ligeramente ácido que le da un toque original.

La proporción (en peso) entre el azúcar y la fruta es sólo de un 50%; esto no asegura una conservación larga. Lo mejor es guardarla en la nevera y consumirla pronto.

Ingredientes:

- **1/2 kg de cerezas**
- **1/2 kg de fresas (o fresones)**
- **1/2 kg de albaricoques**
- **750 g de azúcar**
- **1/2 limón**

Preparación

Se lava la fruta y se extraen los sépalos y pedículos de las fresas, las almendras de los albaricoques y los huesos de las cerezas. Se trocea todo.

Se pone la mezcla en un recipiente y se cubre con el azúcar. Se añade el zumo de medio limón y se deja en reposo 12 horas.

Luego se pone en una cazuela y se cuece al fuego vivo hasta que arranca a hervir. Se reduce el fuego y se continúa cociéndolo todo unos 45 m, removiéndolo y espumándolo.

Se envasa en botes de vidrio previamente escaldados. Se ponen los botes en una olla con agua y se hierven durante 15 o 20 minutos. Se dejan enfriar, se secan bien y se etiquetan.

45 + 20 minutos

Mermelada de boniatos

En algunas partes de las Tierras del Ebro y el Maestrazgo, la gente rellena los pastissets *con esta mermelada, en vez del más corriente cabello de ángel.*

Al ya ser dulce de por sí el boniato, es una mermelada que suele salir bastante dulzona.

Ingredientes:

- **1/2 kg de boniatos**
- **1/2 kg de azúcar**
- **1 limón**
- **1 corteza de canela**

Preparación

Pelar los boniatos. Exprimir el zumo del limón y guardarlo. Sacarle la piel a la mitad de un limón.

Poner los boniatos, el azúcar y el zumo del limón en una olla con 500 cc de agua. Triturarlos con la batidora, añadir la corteza de canela y la piel de la mitad del limón. Cocerlos a fuego lento durante 25 minutos, removiendo y espumando con frecuencia. Apartarlos del fuego y eliminar la corteza de canela y la piel de limón, volverlos a triturar y cocerlos otros 5 minutos.

Se envasa en botes de vidrio previamente escaldados. Se ponen los botes en una olla con agua y se hierven durante 15 o 20 minutos. Se dejan enfriar, se secan bien y se etiquetan.

25 + 5 + 20 minutos

Dulce de membrillo

El fruto del membrillero no se puede comer crudo porque es duro y sumamente áspero. En cambio, es una fruta muy aromática y con ella se pueden preparar excelentes confituras y jaleas, añadiendo el azúcar que le falta. Hervida, puede añadirse a un alioli.

En realidad, el dulce de membrillo no es una mermelada o una confitura; es simplemente una preparación de mucha raigambre en nuestro país. La prueba está en las múltiples recetas para prepararlo. La nuestra suele dar un buen resultado. El dulce de membrillo liga bien con quesos como el idiazabal, o con requesón.

Ingredientes:

- **1 kg de membrillos**
- **900 g de azúcar**
- **1 limón**

Preparación

Se hierven los membrillos enteros durante 10 minutos. Se deja que se enfríen, se pelan, se les saca el corazón y se trocean. Añadir el zumo de un limón y triturar un poco los membrillos con una batidora hasta obtener una pasta algo gruesa.

Preparar un jarabe con el azúcar y un poco de agua, ponerlo en el fuego y removerlo hasta que se vuelva transparente.

Se mezcla la pulpa con el jarabe y se pone a hervir en una cazuela. Al arrancar el hervor, se aparta del fuego y se pone en un horno previamente calentado a 220° C. Se deja cocer hasta que cambie de color y se vuelva rojizo, algo que no ocurrirá antes de 40 minutos.

Se pone en moldes de vidrio o de aluminio y se tapa con un papel.

En la nevera se conserva durante varios meses.

10 + 40 minutos

Confitura de higos

Dado que los higos llevan mucha fructosa, en función de si nos gusta que la mermelada resulte más o menos dulce, habrá que modificar la proporción entre el peso de la fruta y el de azúcar.

Antes de ponerla al fuego puede aromatizarse añadiendo zumo de limón, vainilla o una copita de ron.

Ingredientes:

- **1 kg de higos bien maduros**
- **250 g de azúcar**

Preparación

Pelar los higos y ponerlos en un recipiente con el azúcar y 250 cc de agua.

Dejarlo reposar 12 horas en un lugar fresco.

Ponerlo todo en una cazuela y cocinarlo de 15 a 20 minutos a fuego lento, removiéndolo a menudo para que no se pegue.

Se envasa en botes de vidrio previamente escaldados. Se ponen los botes en una olla con agua y se hierven durante 15 o 20 minutos. Se dejan enfriar, se secan bien y se etiquetan.

20 + 20 minutos

Confitura de higos chumbos

La chumbera es una planta originaria de Centroamérica que fue introducida en Europa en el siglo XVIII, pasando a colonizar buena parte del litoral mediterráneo.

Su fruto es el conocido higo chumbo.

Es muy recomendable seguir la receta y añadir el coñac porque no es una fruta muy aromática y de no hacerlo así su mermelada resultará insípida.

Ingredientes:

- **1/2 kg de pulpa de higos chumbos (se obtendrá de 1 kg de fruta)**
- **350 g de azúcar**
- **1 naranja**
- **1 limón**
- **1 copa de coñac (se recomienda)**

Preparación

Pelar los higos (protegiéndose con guantes), trocearlos y triturarlos con la batidora. Sacar la piel de la naranja procurando que no se le pegue el hollejo blanco.

Poner en un recipiente la pulpa, la piel de la naranja, su zumo y el del limón juntamente con el azúcar. Dejarlo reposar 12 horas.

Luego, ponerlo en el fuego hasta que empiece a hervir, reducir la llama y cocerlo 20 minutos removiendo de vez en cuando. Al final se puede añadir la copita de coñac.

Sacar la piel de naranja.

Se envasa en botes de vidrio previamente escaldados. Se ponen los botes en una olla con agua y se hierven durante 15 o 20 minutos. Se dejan enfriar, se secan bien y se etiquetan.

20 + 20 minutos

Mermelada de frambuesa

La frambuesa es el fruto de un arbusto similar a la zarza que crece en montaña media, en los márgenes de los bosques y caminos.

Son parecidas a las moras aunque cuando maduran se vuelven rojas; es una fruta muy aromática que se puede comer cruda. Con ella se preparan mermeladas, licores y helados. Se recogen desde finales de julio hasta septiembre. La variedad cultivada se encuentra en el mercado todo el año.

Ingredientes:

- **1 kg de frambuesas**
- **1 kg de azúcar**
- **1 manzana grande**

Preparación

Chafar ligeramente las frambuesas y ponerlas en una cazuela con 250 cc de agua junto a la manzana sin pelar cortada a trozos, con el corazón y las pepitas. Calentar 8 minutos.

Triturarlo con una batidora y pasarlo por un colador chino. Colocarlo en un cuenco, añadir el azúcar y dejarlo reposar 12 horas.

Después cocerlo a fuego lento durante 20 minutos, sin parar de removerlo y espumarlo.

Se envasa en botes de vidrio previamente escaldados. Se ponen los botes en una olla con agua y se hierven durante 15 o 20 minutos. Se dejan enfriar, se secan bien y se etiquetan.

8 + 20 + 20 minutos

Mermelada de frambuesa y cacao

Según la mitología griega, Cinosura, la ninfa del monte Ida y nodriza de Júpiter, al intentar coger una frambuesa para contentar al dios se pinchó en un dedo. Los frutos, hasta entonces blancos, se tiñeron de rojo con la sangre de la ninfa.

Fuera como fuese, la mermelada de frambuesas tiene un precioso color rojo, sea o no sea de la sangre de Cinosura.

Ingredientes:

- **1 kg de frambuesas**
- **1 kg de azúcar**
- **1 manzana grande**
- **80 g de cacao**

Preparación

Poner las frambuesas y la manzana sin pelar troceada en una cazuela con 400 cc de agua y ponerlo al fuego lento unos 8 minutos.

Triturarlo con la batidora y pasarlo por el chino para filtrar los granos de las frambuesas y los restos de la manzana. Ponerlo en un cuenco, añadir el azúcar y dejarlo reposar 12 horas.

Poner la mezcla en una cazuela, añadir el cacao y removerlo. Cocerlo a fuego lento de 20 a 25 minutos hasta que adquiera la consistencia deseada, removiendo y espumando con frecuencia.

Se envasa en botes de vidrio previamente escaldados. Se ponen los botes en una olla con agua y se hierven durante 15 o 20 minutos. Se dejan enfriar, se secan bien y se etiquetan.

8 + 20 + 20 minutos

Mermelada de grosella

La grosella es una planta silvestre propia de la alta montaña que fructifica a principios del verano. Se encuentran grosellas cultivadas en el mercado casi todo el año.

Esta mermelada es de preparación muy fácil; y es tal como la hacen tradicionalmente en Hungría.

Ingredientes:

- **1 kg de grosellas**
- **azúcar en la proporción que se indica**

Preparación

Lavar las grosellas y ponerlas en una cazuela con 250 cc de agua. Cocerlas 5 minutos. Escurrirlas y pasarlas por el chino para filtrar las semillas.

Pesar la pulpa y ponerla dentro de una cazuela en el fuego, removiéndola mientras se espera a que arranque a hervir. Añadir el mismo peso de azúcar y cocerlo otros 20 minutos, removiéndolo todo y espumándolo.

Se envasa en botes de vidrio previamente escaldados. Se ponen los botes en una olla con agua y se hierven durante 15 o 20 minutos. Se dejan enfriar, se secan bien y se etiquetan.

5 + 20 + 20 minutos

Mermelada de frutos del bosque

Es la mermelada que procede hacer después de una caminata por los senderos de un bosque, donde se hayan recogido las frutas silvestres. No hace falta que sean todas las de la receta; se pueden añadir otras. Según cuáles sean y la proporción en que estén presentes, la mermelada saldrá diferente, pero suele resultar siempre buena.

Se puede preparar con las frutas congeladas que venden en los mercados.

Ingredientes:

- **1 kg de frutos del bosque (frambuesas, moras, fresas, grosellas, arándanos u otras)**
- **1 kg de azúcar**
- **1 manzana**
- **1 limón**

Preparación

Poner las frutas ligeramente aplastadas y una manzana sin pelar cortada a trozos en un recipiente con 250 cc de agua. Triturarlo todo con la batidora y pasarlo por un chino.

Colocar la mezcla en un cuenco, añadir el zumo de limón y el azúcar, y dejarlo reposar medio día.

Ponerlo en una cazuela y cocer a fuego lento unos 20 o 30 minutos, removiendo y espumando de vez en cuando hasta que adquiera la consistencia deseada.

Se envasa en botes de vidrio previamente escaldados. Se ponen los botes en una olla con agua y se hierven durante 15 o 20 minutos. Se dejan enfriar, se secan bien y se etiquetan.

25 + 20 minutos

Mermelada de mora

La mora es el fruto de la zarzamora, una planta silvestre autóctona que vive en los márgenes de los campos. Madura a finales de verano y en otoño.

Es imprescindible añadirle una manzana para proporcionarle pectina y un limón para darle la acidez necesaria para que la mermelada gelatinice adecuadamente.

Ingredientes:

- **1 kg de moras maduras y unas cuantas aún verdes**
- **750 g de azúcar**
- **1 manzana**
- **1 limón**

Preparación

Revisar las moras, lavarlas y enjuagarlas. Ponerlas en una cazuela con la manzana troceada y el zumo del limón. Añadir 250 cc de agua y cocerlo a fuego lento durante 30 minutos.

Triturarlas con una batidora y pasarlas por un chino. Añadir el azúcar y dejarlo reposar todo durante una noche. Al día siguiente, cocer la mezcla 20 minutos mientras se remueve y espuma frecuentemente.

Se envasa en botes de vidrio previamente escaldados. Se ponen los botes en una olla con agua y se hierven durante 15 o 20 minutos. Se dejan enfriar, se secan bien y se etiquetan.

30 + 20 + 20 minutos

Confitura de lima

Bajo el nombre genérico de lima *se agrupan distintas especies de cítricos cercanas al limonero. Pueden ser verdes o amarillas, con forma más redondeada que la del limón y generalmente más pequeña. Son muy aromáticas y ácidas.*

Ingredientes:

- **1 kg de limas**
- **Azúcar en la proporción que se indica**

Preparación

Lavar las limas, fregándolas con un cepillo bajo el grifo. Se ponen al fuego dentro de una cazuela con agua y se hierven hasta que se ablanden.

Retirar la cazuela del fuego, sacar las limas y ponerlas durante dos días dentro de un recipiente con agua fría. Cada 12 horas hay que cambiarles el agua.

Se sacan y con un cuchillo bien afilado se cortan en láminas finas. Se pesan, se ponen en una cazuela y se les añade el doble de su peso en azúcar. Por cada kilo de azúcar hay que ponerles 600 cc de agua. Se cuece a fuego lento 30 minutos, removiendo a menudo.

Si se desea que los trozos de lima sean pequeños, a media cocción pueden triturarse con la batidora hasta que estén a gusto de uno.

Se envasa en botes de vidrio previamente escaldados. Se ponen los botes en una olla con agua y se hierven durante 15 o 20 minutos. Se dejan enfriar, se secan bien y se etiquetan.

40 + 30 + 20 minutos

Confitura de limón

Es una confitura que agrada incluso a quienes son poco amantes de los gustos amargos. No hay que temer a que al utilizar la piel de los limones nos resulte excesivamente amarga; el proceso de dos días reduce el amargor. El resultado es una confitura suave y muy aromática.

Ingredientes:

- **1 kg de limones**
- **azúcar en la proporción que se indica**

Preparación

Hay que utilizar limones de piel gruesa porque los de piel fina se endurecen al hervirlos.

Ponerlos enteros en una olla con agua hirviendo hasta que se ablanden.

Sacarlos y ponerlos a remojo en agua fría durante 48 horas, cambiándoles el agua cada 12 horas.

Partirlos en cuatro trozos y sacar las pepitas. Con un cuchillo afilado cortarlos en láminas. Pesarlas, ponerlas en una cazuela, añadir el mismo peso en azúcar y 600 cc de agua por cada kilo de azúcar. Cocerlas a fuego lento hasta que se vuelvan brillantes.

Se envasa en botes de vidrio previamente escaldados. Se ponen los botes en una olla con agua y se hierven durante 15 o 20 minutos. Se dejan enfriar, se secan bien y se etiquetan.

25 + 20 + 20 minutos

Coulis de fresa

Por coulis *se entiende un puré fino de frutas o verduras crudas. Si se le añade azúcar es muy adecuado para mezclar con macedonias o yogurts o recubrir pasteles como las bavaresas.*

Esta misma receta sirve para preparar coulis *de otras frutas, sobre todo de frambuesas.*

Ingredientes:

- **200 g de fresas**
- **150 g de azúcar lustre**
- **1 cucharadita de zumo de limón**

Preparación

Limpiar y trocear las fresas. Pasarlas por la batidora. Añadir el azúcar lustre. Guardarlo en la nevera. Al enfriarse se va espesar un poco.

Se conserva unos días. Si se quiere guardar más tiempo hay que ponerlo en botes y congelarlo.

Sin cocción

Mermelada de fresón

Como se cultivan en invernadero, en el mercado hay fresones todo el año.

Sin embargo, no tienen el sabor delicado de las fresas, especialmente las salvajes que se recolectan en verano.

Ingredientes:

- **1 kg de fresones maduros**
- **800 g de azúcar**
- **1 limón**

Preparación

Limpiar con agua los fresones enteros; las coronas verdes se sacan una vez lavados.

Poner los fresones, el azúcar y el zumo del limón en una cazuela y dejarlo reposar 2 horas en un sitio fresco, removiéndolo todo de vez en cuando.

Cocerlos a fuego moderado durante 20 o 25 minutos, removiendo de vez en cuando hasta que adquieran la consistencia deseada.

Se envasa en botes de vidrio previamente escaldados. Se ponen los botes en una olla con agua y se hierven durante 15 o 20 minutos. Se dejan enfriar, se secan bien y se etiquetan.

20 + 20 minutos

Mermelada inglesa de limón

Es una típica preparación que los ingleses (su reina, la primera) toman a la hora del tó.

Ingredientes:

- **1 cucharada de ralladuras de piel de limón**
- **5 cucharadas de zumo de limón**
- **150 g de azúcar**
- **1 huevo**
- **1 cucharadita de mantequilla**

Preparación

Mezclar todos los ingredientes excepto la mantequilla en un cazo con 4 cucharadas de agua y el huevo batido.

Se pone a cocer con el cazo en un baño maría a fuego lento, removiéndolo de vez en cuando hasta que coge brillo. Añadir la mantequilla y remover hasta que se funda.

Sólo se guarda unos días en la nevera.

20 minutos

Confitura de mandarina

Es una preparación poco corriente, difícil de encontrar en el mercado. Un obsequio sorprendente para alguien que se aprecia.

Liga muy bien con pasteles de chocolate, siempre que no se exagere con la ración porque el gusto de la mandarina prevalece sobre el del chocolate.

Ingredientes:

- **1 kg de mandarinas**
- **1 kg de azúcar**
- **1 limón**

Preparación

Lavar y pelar las mandarinas. Cortar las pieles en tiras muy estrechas y trocear los gajos sin quitarles el velo que los cubre.

Poner las tiras en una olla y cubrirlas con agua fría. Hacerlas hervir 5 minutos y escurrirlas luego. Repetir dos veces más la misma operación.

Poner en una cazuela las tiras hervidas, la pulpa de las mandarinas, el azúcar y el zumo del limón. Dejar que hiervan suavemente durante 15 o 20 minutos, removiendo a menudo hasta que las tiras brillen.

Se envasa en botes de vidrio previamente escaldados. Se ponen los botes en una olla con agua y se hierven durante 15 o 20 minutos. Se dejan enfriar, se secan bien y se etiquetan.

5 + 15 + 20 minutos

Marron glacé

Su preparación no es difícil. Sólo hace falta un densímetro y mucha paciencia. Se trata de cocer las castañas y tenerlas en maceración en almíbar durante unos días.

El mayor problema es que las castañas se disgregan muy fácilmente; uno puede darse por contento si consigue salvar una tercera parte. Es algo que depende mucho de su calidad. De hecho, en Francia, cuna de los marron glacé, para prepararlos utilizan el fruto del marronnier, *un árbol cultivado y mejorado a partir del* châtaignier *que da las castañas corrientes. Las castañas tienen unos tabiques internos que las hacen quebradizas, en cambio, el* marronnier *da castañas sin estos tabiques.*

Ingredientes:

- **1 kg de castañas**
- **800 g de azúcar**
- **1 vaina de vainilla**

Preparación

Con un cuchillo se hacen dos cortes cruzados en cada castaña. Se sumergen 15 minutos en agua que haya estado hirviendo. Se sacan y se ponen en una bandeja dentro del horno durante 2 o 3 minutos, procurando que no se quemen. Se sacan del horno y se pelan mientras están calientes.

Se ponen en una cazuela con agua fría. Conviene que sea una cazuela grande para que las castañas no se amontonen. Se cuecen a fuego moderado durante media hora sin que el agua llegue a hervir, hasta que estén bien blandas.

Se escurren y se colocan una a una sobre un trapo de cocina con unas pinzas.

Preparamos un almíbar con 800 g de azúcar y 1,5 litros de agua; debe tener una densidad de 20° Baumé.

2 + 30 + 10 minutos

Sin dejar que se enfríe, se introducen las castañas y la vaina de vainilla y se deja macerar 24 horas. No conviene que el almíbar pierda temperatura; hay que poner la cazuela sobre un radiador o cerca de una fuente moderada de calor.

Una vez pasadas las 24 horas, colar el almíbar y cocerlo hasta alcanzar una densidad de 24° Baumé. Apartarlo del fuego, dejar que se enfríe unos instantes y verterlo sobre las castañas y la vaina de vainilla. La vaina nunca debe hervirse con el almíbar.

Transcurridas otras 24 horas, volver a colar el almíbar y hervirlo hasta que adquiera una densidad de 28°. Apartarlo del fuego, dejarlo enfriar y volverlo a verter sobre las castañas.

Esta operación deberá repetirse dos veces más en el intervalo de 24 horas. La primera de esas veces el densímetro deberá marcar 30° y la segunda, 32° Baumé.

Al final, sacar del almíbar las castañas, ponerlas sobre una rejilla y secarlas al horno calentado a una temperatura baja y con la puerta entrecerrada durante unos 10 minutos.

Preparar un almíbar con 250 g de azúcar molido y 100 cc de agua. Ponerlo al fuego y dejar que cueza hasta que alcance los 29° Baumé.

Apartarlo del fuego y batirlo con un tenedor hasta que se enturbie.

A continuación, coger con unas pinzas cada castaña y colocarlas en la rejilla para que se escurran.

Hay que hacerlo rápido para que el almíbar no se enfríe. Si lo hace se espesará y las castañas no quedarán brillantes. Envolverlas una a una en un papel metalizado y vistoso y colocarlas en una caja.

Confitura de mango

Árbol oriundo de los trópicos de Asia, el mango lleva cultivándose en India desde hace miles de años. Actualmente se hace crecer en muchos países cálidos.

Muy apreciado por su delicado aroma, es un fruto carnoso de forma irregular, con un hueso grande. A medida que madura su piel verde adquiere bonitos tonos amarillos y rojizos. Su pulpa es muy jugosa, con mucha cantidad de agua. Hay que comprarlos maduros porque en casa es difícil hacerlos madurar. Una manera de saber si están en su punto es sumergirlos en agua: si están verdes flotan.

Ingredientes:

- **800 g de mangos**
- **800 g de azúcar**
- **1 limón**
- **1 vaina de vainilla**

Preparación

Pelar los mangos y cortarlos por la mitad, Sacar el hueso y trocear la pulpa.

Pelar el limón y hervir la piel en agua durante 5 minutos. Después, cortarla a pedacitos.

Poner la fruta, el azúcar, la vaina de vainilla, el zumo y la piel de limón en una cazuela. Cocerlo 1 hora a fuego lento, removiendo y espumando de vez en cuando.

Se envasa en botes de vidrio previamente escaldados. Se ponen los botes en una olla con agua y se hierven durante 15 o 20 minutos. Se dejan enfriar, se secan bien y se etiquetan.

5 + 60 + 20 minutos

Mermelada de frutas exóticas

Se puede preparar con una mezcla de frutas tropicales congeladas que se encuentran en los mercados.

Ingredientes:

- **1/2 kg de mango**
- **1/2 kg de piña**
- **1/2 kg de mandarinas**
- **1,5 kg de azúcar**

Preparación

Pelar todas las frutas y trocearlas. Ponerla en un recipiente, añadir el azúcar y dejarlo 12 horas en reposo.

Luego, triturarlo con una batidora hasta obtener la textura que se desee.

Ponerlo en una cazuela y cocerlo a fuego lento unos 20 minutos, removiéndolo y espumándolo a menudo.

Se envasa en botes de vidrio previamente escaldados. Se ponen los botes en una olla con agua y se hierven durante 15 o 20 minutos. Se dejan enfriar, se secan bien y se etiquetan.

20 + 20 minutos

Mermelada de arándano

El arándano es el fruto de un arbusto muy frecuente en los bosques de alta montaña. Se recoge en julio y agosto. En mercados y fruterías se encuentran (cultivados) casi todo el año.

Ingredientes:

- **1 kg de arándanos**
- **1 kg de azúcar**
- **1 manzana**
- **1 limón**

Preparación

Poner los arándanos en una olla con 150 cc de agua junto con la manzana sin pelar y con el corazón intacto. Se cuecen 5 minutos.

Se trituran con la batidora y se pasan por un chino. Se ponen en una cazuela y se añaden el azúcar y el zumo del limón. Se cuece a fuego lento durante 25 minutos, removiendo y espumando a menudo.

Se envasa en botes de vidrio previamente escaldados. Se ponen los botes en una olla con agua y se hierven durante 15 o 20 minutos. Se dejan enfriar, se secan bien y se etiquetan.

5 + 25 + 20 minutos

Mermelada de kiwi

El kiwi es una planta trepadora originaria del sureste de China, llamada también actinidia.

Aunque es una fruta granulosa, hecha en mermelada no se nota; no hace falta colarla con un chino.

Ingredientes:

- **500 g de kiwis**
- **350 g de azúcar**
- **1 limón**

Preparación

Pelar los kiwis, ponerlos en una cazuela y añadirles el azúcar y el zumo de medio limón. Triturarlo con la batidora y añadirle la piel del limón.

Introducirlo en una cazuela y cocerlo 25 minutos a fuego lento, removiendo y espumando frecuentemente. Sacar la piel del limón.

Se envasa en botes de vidrio previamente escaldados. Se ponen los botes en una olla con agua y se hierven durante 15 o 20 minutos. Se dejan enfriar, se secan bien y se etiquetan.

25 + 20 minutos

Mermelada de zanahoria

Dado que la zanahoria era una hortaliza al alcance de todos los bolsillos, en tanto que las frutas dulces, caras, estaban reservadas para la gente acaudalada, esta mermelada se hizo muy popular en la Francia del siglo XVIII.

Es una mermelada que sorprende por su excelente calidad.

Ingredientes:

- **1 kg de zanahorias ya limpias**
- **1 kg de azúcar**
- **4 limones**

Preparación

Raspar las zanahorias y trocearlas. Cocerlas en una cazuela con 500 cc de agua hasta que estén bien blandas. Pasarlas por la batidora y reservarlas aparte.

Sacar la piel de los limones con un cuchillo afilado, procurando no llevarse el hollejo blanco interior. Cortarla en tiras estrechas de 1 cm.

Poner 500 cc de agua fría y el azúcar en una cazuela y removerlo hasta que se disuelva. Añadir las tiras de piel de limón y el zumo de 3 limones. Cocerlo hasta que el almíbar esté en su punto, cuando al levantar la espátula caigan gotas alargadas y muy espaciadas. Añadir el puré de zanahorias y el zumo del cuarto limón. Hervir durante unos cuantos minutos más, removiendo y espumando.

Se envasa en botes de vidrio previamente escaldados. Se ponen los botes en una olla con agua y se hierven durante 15 o 20 minutos. Se dejan enfriar, se secan bien y se etiquetan.

Mermelada de peras y cítricos con frutos secos

Si a uno le gustan las mermeladas con un punto amargo, no tiene sino que añadir los cítricos sin pelarlos.

Preparación

Pelar las peras, el limón, la naranja y el pomelo rosado, trocearlos y triturar los trozos con la batidora.

Ponerlo todo en una cazuela, añadir el azúcar y cocerlo a fuego moderado, removiéndolo y espumándolo a menudo porque es una mermelada que suelta mucha espuma al hacerse. Pasados 15 minutos añadir las pasas, y 5 minutos después, las nueces un poco aplastadas. Cocerlo otros 5 minutos mientras se remueve y espuma.

Se envasa en botes de vidrio previamente escaldados. Se ponen los botes en una olla con agua y se hierven durante 15 o 20 minutos. Se dejan enfriar, se secan bien y se etiquetan.

Ingredientes:

- **500 g de peras peladas**
- **1/2 pomelo rosado**
- **1/2 naranja**
- **1 limón**
- **500 g de azúcar**
- **100 g de pasas de Corinto**
- **100 g de nueces**

25 + 20 minutos

Mermelada de peras y uvas

Al preparar mermeladas con uvas hay que recordar que éstas ya llevan mucho azúcar. Es por esto que la proporción en esta receta no es la habitual.

Ingredientes:

- **1 kg de peras**
- **1/2 kg de uvas**
- **600 g de azúcar**
- **1 manzana**
- **1 limón**

Preparación

Pelar las peras, sacarles el corazón y las semillas y trocearlas. Reservarlas en un cuenco. Enjuagar el limón, pelarlo y reservar su piel. Lavar las uvas y triturarlas con la batidora. Pasar la pulpa obtenida por un chino y guardar el jugo.

Verterlo con el azúcar en una cazuela y ponerlo al fuego, añadiendo las peras, la piel y el zumo del limón y una manzana sin pelar cortada a trozos dentro de un saquito de gasa. Cocer 1 hora a fuego moderado, removiendo de vez en cuando.

Cuando esté hecha, apartarla del fuego y sacar la piel del limón y la manzana.

Se envasa en botes de vidrio previamente escaldados. Se ponen los botes en una olla con agua y se hierven durante 15 o 20 minutos. Se dejan enfriar, se secan bien y se etiquetan.

Mermelada de pimiento rojo

Es una mermelada muy apropiada para acompañar platos de carne asada o carnes a la plancha.

Es muy buena sobre un trozo de queso de cabra cocido y en caliente.

Ingredientes:

- **1 kg de pimientos rojos (o de dos colores)**
- **1/2 kg de azúcar**

Preparación

Lavar los pimientos, sacarles las semillas y trocearlos. Ponerlos en un cazo y añadir el azúcar. Dejarlos reposar un día.

Los pimientos soltarán abundante jugo.

Ponerlo todo a un fuego muy lento y dejar que se vayan haciendo durante 1 hora, removiendo de vez en cuando.

Pasarlos por la batidora; si queda demasiado líquido, espesarlo poniéndolo de nuevo en el fuego sin dejar de removerlo.

Se envasa en botes de vidrio previamente escaldados. Se ponen los botes en una olla con agua y se hierven durante 15 o 20 minutos. Se dejan enfriar, se secan bien y se etiquetan.

Confitura de peras con vainilla

Dado que las peras no tienen un sabor muy marcado, al prepararlas en confitura conviene añadirles otros productos que les aporten gusto, como la vainilla o el limón. Además, este último le da la acidez que necesita para que gelatinice bien; las peras apenas tienen acidez.

Ingredientes:

- **2 kg de peras de carne prieta**
- **1,25 kg de azúcar**
- **1 limón**
- **1 vaina de vainilla**

Preparación

Pelar las peras, trocearlas y ponerlas en un cuenco con agua. Cuando estén peladas todas, blanquearlas echándolas 1 minuto en una olla con agua hirviendo. Sacarlas y escurrirlas.

Poner una cazuela en el fuego con 500 cc de agua y disolver el azúcar; cuando empiece a hervir añadir la vaina de vainilla abierta por la mitad, las peras, el zumo del limón y su piel cortada muy fina.

Cocerlo 45 minutos a fuego moderado, removiendo y espumando hasta que adquiera la consistencia adecuada.

Antes de envasarla sacar la vaina de vainilla y la piel del limón.

Se envasa en botes de vidrio previamente escaldados. Se ponen los botes en una olla con agua y se hierven durante 15 o 20 minutos. Se dejan enfriar, se secan bien y se etiquetan.

45 + 20 minutos

Mermelada de manzana

Nos harán falta manzanas de carne prieta. Por su textura y aroma, las mejores para hacer mermelada son las reineta, aunque también dan buen resultado las golden, que se encuentran todo el año en el mercado y se consumen frescas o guisadas.

Ingredientes:

- **1 kg de manzanas reineta o golden**
- **750 g de azúcar**
- **1 limón**
- **1 vaina de vainilla**

Preparación

Pelar las manzanas, extraerles el corazón y las pepitas, trocearlas y rociarlas con el zumo de limón para que no se oxiden.

Poner las pieles, corazones y pepitas de las manzanas en una cazuela, cubrirlas con agua y cocerlas 25 o 30 minutos. Filtrar el jugo, volverlo a poner en la cazuela y añadir los trozos de manzana, el azúcar, la vaina de vainilla y la piel del limón. Hervirlo todo a fuego lento durante 30 o 35 minutos, removiendo de vez en cuando hasta que se vuelva casi transparente. Sacar la vaina y la piel.

Se envasa en botes de vidrio previamente escaldados. Se ponen los botes en una olla con agua y se hierven durante 15 o 20 minutos. Se dejan enfriar, se secan bien y se etiquetan.

25 + 30 + 20 minutos

Mermelada de ciruela claudia

La claudia es una variedad de ciruela de piel verdosa, pulpa amarillenta y delicado dulzor; una de las variedades más apreciada.

Se la denominó así en homenaje a la reina Claudia de Francia (1499-1523), hija de Luis XII y esposa de Francisco I, una desdichada mujer coja y obesa que sufrió una deformación de la columna vertebral tras tener siete hijos en nueve años. Murió a los 24 años de edad. ¿Quién debió de asociarla con una ciruela tan sabrosa?

Ingredientes:

- **1 kg de ciruelas claudia**
- **750 g de azúcar**

Preparación

Sacar los huesos de las ciruelas y ponerlas en un recipiente sin pelarlas. Añadir el azúcar y dejarlo reposar 12 horas.

Luego, triturarlas con la batidora y cocerlas durante 20 minutos en una cazuela, removiendo y espumando a menudo. Si la mermelada se espesa mucho, se le puede añadir un poco de agua.

Se envasa en botes de vidrio previamente escaldados. Se ponen los botes en una olla con agua y se hierven durante 15 o 20 minutos. Se dejan enfriar, se secan bien y se etiquetan.

20 + 20 minutos

Confitura de melocotón

No tiene una textura tan fina como la de albaricoque, pero ahí está la gracia de esta confitura: comida sobre una rebanada de pan o sola, es muy agradable encontrar trozos enteros de fruta.

Ingredientes:

- **1 kg de melocotones**
- **700 g de azúcar**
- **1 limón grande**

Preparación

Pelar los melocotones y trocearlos. Mezclarlos con el azúcar y dejarlos 12 horas en reposo.

Triturarlos con la batidora y ponerlos en una cazuela. Añadir el zumo de limón y cocerlos 20 minutos, removiendo y espumando muy a menudo hasta que la confitura adquiera la consistencia deseada.

Se envasa en botes de vidrio previamente escaldados. Se ponen los botes en una olla con agua y se hierven durante 15 o 20 minutos. Se dejan enfriar, se secan bien y se etiquetan.

20 + 20 minutos

Confitura de ruibarbo

El ruibarbo es una planta herbácea originaria de Ucrania; desde allí se extendió hasta China. Es muy apreciada en los países anglosajones, donde la utilizan para preparar deliciosas mermeladas con los prominentes pecíolos de las hojas, parecidas a las pencas del apio aunque a menudo son rojas.

Desde tiempos antiguos se conocen las propiedades medicinales del ruibarbo y para este fin se utiliza su rizoma subterráneo.

Lo más curioso de esta mermelada es su agradable sabor acidulado y refrescante.

Congelado, se encuentra todo el año en el mercado.

Ingredientes:

- **1 kg de ruibarbo**
- **1 kg de azúcar**
- **1 limón**

Preparación

Enjuagar y raspar el ruibarbo para sacarle los hilos; cortarlo en trozos pequeños y remojarlo unos minutos en agua fría. Escurrirlo, ponerlo en un recipiente con el azúcar y dejarlo reposar 24 h. El ruibarbo soltará un jugo abundante que formará una especie de jarabe con el azúcar. Colarlo y reservar los trozos de ruibarbo. Al día siguiente, calentarlo a fuego vivo en una cazuela, removiéndolo de vez en cuando. Cuando empiece a hervir se espesará rápidamente; entonces se le añadirá el zumo del limón y los trozos de ruibarbo reservados. Hay que remover continuamente porque se cuece muy deprisa.

La confitura está lista cuando al removerla con la cuchara de madera se puede ver el fondo de la cazuela.

Se envasa en botes de vidrio previamente escaldados. Se ponen los botes en una olla con agua y se hierven durante 15 o 20 minutos. Se dejan enfriar, se secan bien y se etiquetan.

Confitura de piña

La piña es la infrutescencia de una planta tropical originaria de Brasil, llamada también ananá («fruta excelente» en guaraní).

Contiene una enzima proteolítica que permite digerir las proteínas. Esta enzima, llamada bromelina, como facilita su digestión, hace de la piña unos postres muy adecuados después de una buena comida.

Ingredientes:

- **1 kg de pulpa de piña**
- **800 g de azúcar**
- **1 limón**
- **1 vaina de vainilla**
- **1 copita de *kirsch* (opcional)**

Preparación

Cortar la carne de la piña en trozos muy pequeños; ponerlos en un recipiente, añadir el azúcar y dejarlo en reposo toda una noche.

Al día siguiente, verterlo en una cazuela junto con la vaina de vainilla abierta por la mitad y el zumo del limón.

Cocer al fuego lento 30 minutos, removiendo y espumando a menudo hasta que adquiera la consistencia deseada. Si así se quiere, antes de apartarla del fuego se le puede añadir una copita de *kirsch*.

Se envasa en botes de vidrio previamente escaldados. Se ponen los botes en una olla con agua y se hierven durante 15 o 20 minutos. Se dejan enfriar, se secan bien y se etiquetan.

30 + 20 minutos

Confitura de sandía

Es una confitura que se combina muy bien con cualquier macedonia de frutas, dándole un toque especial.

Es mejor prepararla a mitad del verano, cuando las sandías están bien maduras. Como no se utiliza toda su carne, se puede reservar para comerla sola como postre.

Ingredientes:

- **1 kg de sandía cortada a partes con un espesor de la parte blanca y roja iguales**
- **750 g de azúcar**
- **1 limón**
- **1 corteza de canela**

Preparación

Partir la sandía en dos mitades y cortarla en trozos gruesos. Sacar la parte verde de la corteza, Cortar la parte blanca y el mismo grosor de la roja en dados de unos 2 cm. Ponerlos en un cuenco con el azúcar, el zumo del limón y la canela. Taparlo y guardarlo 12 horas en la nevera.

Luego, verter la mezcla en una cazuela y cocerla a fuego moderado 45 minutos.

Si así se desea se puede triturar un poco con la batidora para que quede más homogénea.

Se envasa en botes de vidrio previamente escaldados. Se ponen los botes en una olla con agua y se hierven durante 15 o 20 minutos. Se dejan enfriar, se secan bien y se etiquetan.

45 + 20 minutos

Mermelada de saúco

El saúco es un arbusto autóctono que los payeses suelen plantar cerca de sus granjas, donde, bien cuidado, adquiere las proporciones de un árbol. Suele crecer en lugares umbríos como las riberas y hondonadas.

La fruta es una baya negra que se recoge a final del verano. Son ásperas pero aromáticas, lo que las hace adecuadas para hacer mermeladas: el azúcar compensa su falta de dulzor.

Ingredientes:

- **1,25 kg de bayas de saúco**
- **3 manzanas**
- **750 g de azúcar**
- **1 limón**
- **1 naranja**
- **1 corteza de canela**

Preparación

Hervir las bayas en poca agua, a fuego lento durante 1/2 hora.

Apartarlas del fuego, triturarlas con la batidora y pasarlas por un chino para filtrar las semillas. Debería quedar aproximadamente 1 litro de jugo. Si sale una cantidad distinta hay que ajustar proporcionalmente los demás ingredientes.

Se pone el jugo en una cazuela, se añaden las manzanas peladas y cortadas a dados, el azúcar, el zumo del limón y de la naranja, además de la corteza de canela. Cocer a fuego lento 1/2 hora o hasta que la mermelada adquiera la consistencia deseada. Apartarlo del fuego y sacar la corteza de canela.

Se envasa en botes de vidrio previamente escaldados. Se ponen los botes en una olla con agua y se hierven durante 15 o 20 minutos. Se dejan enfriar, se secan bien y se etiquetan.

30 + 30 + 20 minutos

Confitura de naranja amarga

Del naranjo amargo se obtienen las naranjas que hacemos servir para preparar mermeladas y confituras. Es un árbol originario del sureste asiático que fue introducido en la Península Ibérica por los árabes en el siglo X, quinientos años antes que el ahora tan difundido naranjo dulce, entonces apreciado únicamente por su valor ornamental y delicada fragancia. Con su flor, el azahar, se confeccionan los ramos de novia. Es una confitura muy apreciada por los ingleses, quienes cada enero esperan la llegada al mercado de las que ellos llaman «naranjas sevillanas». Sobre una rebanada de pan untada con mantequilla es un manjar delicioso. También es muy buena con queso fresco de leche de vaca o con requesón, modo con que la disfrutaba el pintor Salvador Dalí, quien afirmaba que era una de las mayores delicias.

Ingredientes:

- **1 kg de naranjas amargas (mejor de piel gruesa)**
- **1,8 kg de azúcar**
- **1 limón**

Preparación

Partir las naranjas por la mitad, quitarles las pepitas y reservarlas. Cortarlas en láminas finas con ayuda de un cuchillo afilado o una mandolina. Ponerlas en un recipiente con agua que las cubra bien y dejarlas en remojo todo un día.

Luego, enjuagarlas y ponerlas en una cazuela con 1.500 cc de agua, el zumo del limón y las pepitas reservadas dentro de una bolsita de gasa. Tapar la cacerola y dejar que cueza todo a fuego muy bajo durante 90 minutos. Transcurrido este tiempo, añadir el azúcar y cocerlo a fuego vivo 20 o 30 minutos más con la cazuela destapada mientras se remueve y espuma. Según el rato que hierva, la confitura será más espesa o menos; es cuestión de gustos. Sacar la bolsa con las pepitas.

Se envasa en botes de vidrio previamente escaldados. Se ponen los botes en una olla con agua y se hierven durante 15 o 20 minutos. Se dejan enfriar, se secan bien y se etiquetan.

90 + 25 + 20 minutos

Mermelada de naranja y cacao

En esta mermelada hay que tener mucho cuidado con las cantidades; una pequeña variación hará que uno de los gustos predomine sobre los demás y la mermelada perderá toda su gracia.

Ingredientes:

- **1 kg de naranjas**
- **azúcar en peso idéntico al de las naranjas preparadas**
- **100 g de cacao puro**

Preparación

Hay que utilizar naranjas de piel gruesa, las otras no van bien porque al cocerlas se endurecen.

Se ponen las naranjas enteras en una olla con agua hirviendo, hasta que se vuelven blandas. Se sacan y se ponen a remojar en agua fría durante 2 días, cambiándoles el agua cada 12 horas. Se cortan a trozos, se pesan y se ponen en una cazuela junto con el mismo peso de azúcar y 600 cc de agua por cada kilo de azúcar. Añadir el cacao.

Triturarlo todo un poquitín con la batidora y hacerlo cocer lentamente unos 20 minutos, hasta que adquiera la consistencia deseada.

Se envasa en botes de vidrio previamente escaldados. Se ponen los botes en una olla con agua y se hierven durante 15 o 20 minutos. Se dejan enfriar, se secan bien y se etiquetan.

15 + 20 + 20 minutos

Confitura de naranja dulce

Es una confitura más aceptada que la de naranjas amargas; hay quienes prefieren su dulzura

Adquiere un bonito tono dorado que le confiere un delicado aspecto.

Ingredientes:

- **1 kg de naranjas**
- **azúcar en peso idéntico al de las naranjas preparadas**

Preparación

Hay que escoger naranjas de piel gruesa; las de piel delicada no van tan bien porque al cocerlas se endurecen.

Se ponen las naranjas enteras en una olla con agua hirviendo, hasta que se vuelven blandas. Se sacan y se ponen a remojar en agua fria durante 2 días, cambiándoles el agua cada 12 horas. Así se elimina el sabor amargo de la piel.

Con un cuchillo bien afilado cortarlas en rodajas finas. Se pesan y se ponen en una cazuela junto con el mismo peso de azúcar y 600 cc de agua por cada kilo de azúcar.

Cocerlo todo lentamente hasta que los trozos de naranja empiecen a transparentarse, removiendo y espumando de vez en cuando.

Se envasa en botes de vidrio previamente escaldados. Se ponen los botes en una olla con agua y se hierven durante 15 o 20 minutos. Se dejan enfriar, se secan bien y se etiquetan.

15 + 20 + 20 minutos

NOV 2011

Confitura de naranja con jengibre

Esta confitura liga muy bien con un rosbif o un lomo a la sal. También con requesón, yogurt y queso tierno.

El jengibre le da un toque exótico y original.

Ingredientes:

- **1 kg de naranjas**
- **azúcar en peso idéntico al de las naranjas preparadas**
- **25 g de jengibre**

Preparación

Hay que escoger naranjas de piel gruesa; las de piel delicada no van tan bien porque al cocerlas se endurecen.

Se ponen las naranjas enteras en una olla con agua hirviendo, hasta que se vuelven blandas. Se sacan y se ponen a remojar en agua fría durante 2 días, cambiándoles el agua cada 12 horas. Así se elimina el sabor amargo de la piel.

Con un cuchillo bien afilado cortarlas en rodajas finas. Se pesan y se ponen en una cazuela junto con el mismo peso de azúcar y 600 cc de agua por cada kilo de azúcar.

Cocerlo todo lentamente hasta que los trozos de naranja empiecen a transparentarse, removiendo y espumando de vez en cuando.

Añadir el jengibre rallado, removerlo todo un poco y apartarlo del fuego.

Se envasa en botes de vidrio previamente escaldados. Se ponen los botes en una olla con agua y se hierven durante 15 o 20 minutos. Se dejan enfriar, se secan bien y se etiquetan.

15 + 20 + 20 minutos

Mermelada de pimiento del piquillo

Es una mermelada de fácil preparación y que da muy buen resultado. Muy apropiada para acompañar carnes a la brasa, aves y ensaladas a las que da un toque original.

Ingredientes:

- **1 bote de 400 g de pimientos del piquillo**
- **200 g de azúcar**
- **100 cc de vino tinto**

Preparación

Triturar los pimientos con la batidora y ponerlos en una cazuela con los demás ingredientes y 50 cc de agua.

Cocer a fuego lento durante 35 minutos, removiendo de vez en cuando hasta que adquiera la textura deseada.

Se envasa en botes de vidrio previamente escaldados. Se ponen los botes en una olla con agua y se hierven durante 15 o 20 minutos. Se dejan enfriar, se secan bien y se etiquetan.

35 + 20 minutos

Confitura de tomates verdes del país

Para esta confitura hay que utilizar tomates del país que no hayan madurado. No deben confundirse con los tomates verdes mexicanos de la receta de la página 102.

Ingredientes:

- **1 kg de tomates del país sin madurar**
- **750 g de azúcar**
- **1 limón**
- **1 vaina de vainilla**

Preparación

Escaldar durante 1 minuto los tomates en agua hirviente. Luego, ponerlos a remojo en agua fría. Pelarlos, cortarlos por la mitad y con una cucharita extraerles las semillas. Trocearlos.

En un cuenco grande poner capas sucesivas de tomates, azúcar y la piel del limón cortada a trozos. En medio, poner la vaina de vainilla. Dejarlo en reposo una noche.

Al día siguiente ponerlo todo en una cazuela y hervirlo 30 minutos a fuego moderado, removiendo a menudo para facilitar que el agua se evapore. Luego, reducir la llama y dejar que cueza lentamente media hora más.

Cuando la confitura adquiera un color ámbar oscuro y sea suficientemente espesa apartarla del fuego. Sacar la vaina de vainilla.

Se envasa en botes de vidrio previamente escaldados. Se ponen los botes en una olla con agua y se hierven durante 15 o 20 minutos. Se dejan enfriar, se secan bien y se etiquetan.

30 + 20 minutos

Mermelada de tomate

Junto con la patata, el tomate es uno de los dos grandes «descubrimientos de América». En el año 1598 fue introducido en la Península Ibérica, donde se cultivó durante muchos años antes que en Francia, donde no se tiene noticia de su consumo hasta el siglo XVIII.

Es una preparación muy apreciada en Provenza.

Ingredientes:

- **1 kg de pulpa de tomate**
- **800 g de azúcar**
- **1 limón**
- **1 vaina de vainilla**

Preparación

Escaldar los tomates en agua hirviente durante medio minuto y luego ponerlos en agua fría. Cortarlos a cuartos, pelarlos y sacarles las semillas. Triturarlo todo con la batidora. Verterlo en una cazuela y cocerlo 10 minutos a fuego moderado para evaporar el exceso de agua. Añadirle el azúcar y la vaina de vainilla y cocerlo durante 20 minutos, removiéndolo y espumándolo. Cuando tenga la consistencia adecuada, apartarla del fuego y añadir el zumo del limón.

Se envasa en botes de vidrio previamente escaldados. Se ponen los botes en una olla con agua y se hierven durante 15 o 20 minutos. Se dejan enfriar, se secan bien y se etiquetan.

10 + 20 + 20 minutos

Mermelada de tomate y pera

Los tomates deben ser maduros pero con la pulpa consistente, de lo contrario la mermelada puede resultar demasiado líquida.

Liga bien con las carnes asadas, el lomo a la sal, el queso fresco o las ensaladas.

Ingredientes:

- **1/2 kg de pulpa de tomate**
- **1/2 kg de peras**
- **800 g de azúcar**
- **1/2 limón**
- **1 vaina de vainilla**

Preparación

Escaldar los tomates en agua hirviente durante medio minuto y luego ponerlos en agua fría. Cortarlos a cuartos, pelarlos y sacarles las semillas: se debe de obtener 1/2 kg de pulpa de tomate sin piel ni semillas. Triturarlo todo con la batidora.

Pelar las peras, trocearlas, triturarlas con la batidora y añadirlas a la pulpa de tomate.

Ponerlo todo en una cazuela con el azúcar, el zumo del limón y la vaina de vainilla. Cocerlo entre 25 y 30 minutos, removiendo y espumando. Cuando la mermelada adquiera la consistencia deseada apartar la cazuela del fuego y retirar la vaina de vainilla.

Se envasa en botes de vidrio previamente escaldados. Se ponen los botes en una olla con agua y se hierven durante 15 o 20 minutos. Se dejan enfriar, se secan bien y se etiquetan.

25 + 20 minutos

Confitura de tomates verdes

No hay que confundir los tomates verdes con los tomates que no han madurado. Los tomates verdes son originarios de México y son una planta diferente. Antes de utilizarlos hay que eliminar el envoltorio que corresponde al resto del cáliz de la flor. Se les llama también tomates de cáscara o tomatillos.

Ingredientes:

- **1 kg de tomates verdes**
- **700 g de azúcar**
- **1 limón**

Preparación

Eliminar el envoltorio de los tomates. Escaldarlos, pelarlos y cortarlos en rodajas finas. Ponerlas en un recipiente y cubrirlas con el azúcar y el limón sin pelar cortado en láminas muy finas. Dejarlo reposar 24 horas.

Luego, ponerlo todo en una cazuela y cocerlo a fuego lento durante más o menos 1 hora, hasta que coja un color ambarino y adquiera la textura que se desea.

Se envasa en botes de vidrio previamente escaldados. Se ponen los botes en una olla con agua y se hierven durante 15 o 20 minutos. Se dejan enfriar, se secan bien y se etiquetan.

60 + 20 minutos

Jaleas

Por jalea entendemos una conserva de consistencia blanda obtenida al hervir zumos de fruta con azúcar.

Lo mismo que con las mermeladas, las jaleas requieren la proporción adecuada de fruta, pectina, azúcar y acidez. Las frutas con un alto contenido de pectina gelifican con facilidad, en tanto que aquellas que no lo tienen requieren la adición de una manzana u otra fruta que la aporte. La fruta recién cogida y la que está verde contiene más pectina que la fruta apartada del árbol desde hace tiempo o la madura.

Hasta que no se ha adquirido experiencia en la preparación de jaleas, se recomienda utilizar solamente frutas con mucha pectina (como las manzanas, los membrillos o las grosellas por ejemplo).

Preparar una jalea no es más difícil que hacer una mermelada, pero exige una mayor precisión. Deben prepararse sin apartarse un ápice de las instrucciones y cantidades prescritas en la receta.

Proceso de elaboración de una jalea

Primer paso: obtención del jugo

Enjuagar la fruta y trocearla sin extraer la piel, los corazones, los huesos o las semillas. Ponerla en una cazuela con agua que apenas la cubra. Cocer a fuego lento, el tiempo que cada fruta requiera; poco para las frutas con semillas, como la grosella o la frambuesa, entre 20 y 30 minutos para las cerezas, peras o manzanas y unos 45 minutos en el caso de membrillos, naranjas y limones.

Apartarla del fuego y ponerla en un colador con un trapo fino y mojado en su cara interna. También se puede hacer servir un colador de frutas (*jelly bag*), una especie de gorro de un tejido especial que venden en las tiendas especializadas.

Se deja que el jugo vaya goteando durante unas cuantas horas.

Segundo paso: elaboración de la jalea

Se mezcla el jugo filtrado con azúcar y se pone a hervir a fuego intenso para que el agua se evapore lo antes posible, a fin de que la mezcla adquiera la consistencia de una gelatina. La cantidad de azúcar y el tiempo de cocción varían en función de la pectina que el jugo contenga. Hace falta un poco de experiencia.

Si se dispone de un densímetro, el punto óptimo de gelificación está alrededor de los 32° Baumé. Los grados Baumé son unidades de densidad que relacionan la cantidad de azúcar con el volumen del almíbar.

A medida que un almíbar pierde agua al hervir, su densidad aumenta y el artilugio indica un valor más alto.

Las jaleas deben reposar un par de días en botes sin cerrar. En las recetas siguientes se explica el proceso más detalladamente para cada caso.

Causas principales de los fracasos más corrientes

Mal resultado	*Posibles motivos*
No es consistente	– La fruta no tiene suficiente pectina o acidez
	– Se ha cocido demasiado y la pectina se ha precipitado
	– Ha cocido poco y no se ha evaporado toda el agua
	– Demasiada agua en el proceso de extracción del jugo
	– Falta azúcar
Ha cristalizado	– Demasiado azúcar
	– Cocción excesiva
	– El jugo no tiene suficiente ácido
Es turbia	– Se ha exprimido la tela del colador y han pasado partículas de la pulpa de la fruta al jugo colado
	– La fruta utilizada era demasiado verde
Aparecen gotitas de agua	– El jugo es demasiado ácido

Jalea de frambuesa

Las frambuesas no contienen mucha pectina, por esto en esta jalea añadimos grosellas, que además de pectina aportan un aroma que liga muy bien con el de las frambuesas.

Ingredientes:

- **1 kg de frambuesas**
- **azúcar según la proporción que se indica**
- **1 kg de grosellas**

Preparación

Enjuagar las frambuesas y las grosellas y ponerlas en una olla con 250 cc de agua. Ponerlas a hervir entre 5 y 10 minutos mientras se aprietan con una espumadera para chafarlas.

Verterlas en un colador forrado con una tela fina mojada y dejar que se escurra el jugo durante unas horas, sin exprimirlas.

Pesar el líquido obtenido, ponerlo en una cazuela y añadir el mismo peso de azúcar. Cocer al fuego vivo durante 15 o 20 minutos hasta que adquiera la consistencia propia de una jalea, 32° Baumé (cuando al levantar la espátula deja caer lentamente gotas en forma de lágrima).

Envasarla mientras está caliente en botes de vidrio previamente escaldados, sin llenarlos del todo (hasta 1 cm del borde). Taparlos al cabo de 2 o 3 días. Una vez cerrados, hacerlos hervir durante 15 minutos en una olla. Dejar que se enfríen, secarlos y etiquetarlos.

8 + 15 + 15 minutos

Jalea de endrina

La endrina es el fruto de una planta autóctona, el endrino, llamada a veces ciruelo silvestre, que vive en parajes húmedos de la media montaña. Se recogen en otoño al llegar los primeros fríos. Con ellas se prepara el conocido pacharán.

Ingredientes:

- **1 kg de endrinas**
- **1/2 kg de manzanas**
- **azúcar en la proporción que se indica**
- **1 limón**

Preparación

Trocear las manzanas sin pelarlas ni sacarles el corazón. Ponerlas con las endrinas en una cazuela con agua que los cubra y cocerlo a fuego vivo durante 30 minutos.

Verter la mezcla en un colador forrado con un trapo fino mojado y dejar que se escurra durante unas horas, sin tocarla ni exprimirla a fin de que el jugo de las endrinas no se enturbie.

Pesar el jugo obtenido y añadir el mismo peso de azúcar y el zumo del limón. Ponerlo al fuego vivo para que hierva 15 minutos más, hasta presentar la consistencia de una jalea. Si se dispone de un densímetro, el punto óptimo de gelificación corresponde a unos 32° Baumé. Espumar la jalea.

Envasarla en botes de vidrio (previamente escaldados) mientras está caliente. No llenar los botes del todo; parar medio centímetro antes del borde. Taparlos al cabo de 2 o 3 días. Una vez cerrados, hacerlos hervir durante 15 minutos en una olla. Dejar que se enfríen, secarlos y etiquetarlos.

30 + 15 + 15 minutos

Jalea de madroños

El madroño es un arbusto autóctono propio de carrascales. Su fruto madura en otoño: las cerezas que produce corresponden a las flores del ciclo anterior y a menudo fructifican entre las vistosas flores del año. Contienen una pequeña cantidad de alcohol y si se comen crudas hay que hacerlo con moderación, sobre todo si es un niño quien lo hace. Al hervirlas durante la preparación de la jalea, el alcohol se evapora. Tienen muy poca pectina; por esto hay que añadirles manzanas o grosellas a fin de que su jalea adquiera la consistencia deseada. Además, las grosellas le dan un aroma especial.

Ingredientes:

- **1 kg de madroños**
- **1 kg de manzanas o de grosellas**
- **azúcar según la cantidad de líquido obtenido**
- **1 limón**

Preparación

Preparar con las manzanas y las grosellas un jugo como si se fuera a hacer una jalea. Lavar los madroños, ponerlos en una olla con 500 cc de agua y cocerlos lentamente durante 15 minutos.

Luego, verterlos en un colador con un trapo fino y húmedo en su interior. Juntar las cuatro esquinas de la tela y exprimirlos para que suelten todo el jugo que se pueda; no importa si la jalea acabará siendo turbia, hay que apretar con fuerza.

Mezclar el líquido que han soltado las manzanas y las grosellas con el de los madroños y el zumo del limón. Por cada litro de la mezcla añadir 1 kg de azúcar. Se pone al fuego vivo hasta que hierva; luego se reduce la llama. Hay que espumarlo muy a menudo. Estará a punto cuando el densímetro marque 32° Baumé o cuando al levantar la espátula las gotas que caigan sean espaciadas y en forma de lágrima. Envasarla en botes de vidrio (previamente escaldados) mientras está caliente. No llenar los botes del todo; parar medio centímetro antes del borde. Taparlos al cabo de 2 o 3 días. Una vez cerrados, hacerlos hervir durante 15 minutos en una olla. Dejar que se enfríen, secarlos y etiquetarlos.

15 + 20 + 15 minutos

Jalea de membrillo

Parece ser que el membrillo fue la primera fruta con la que se prepararon mermeladas y jaleas, probablemente utilizando la miel como edulcorante. El membrillo fresco no es comestible; es duro y muy astringente.

Nostradamus, el astrólogo provenzal famoso por sus predicciones, escribió que a través de un bote de jalea de membrillo tenía que poderse leer las páginas de un libro; es decir, para que fuera buena, debía ser transparente.

Ingredientes:

- **1 kg de membrillos**
- **azúcar según el jugo obtenido**

Preparación

Limpiar los membrillos con un trapo para sacarles la pelusa. Trocearlos sin pelarlos ni sacarles el corazón.

Ponerlos en una cazuela con un litro de agua y cocerlos a fuego lento hasta que se ablanden.

Dejarlos durante una noche en un colador con una tela fina y mojada en el interior a fin de que suelten su jugo.

Al día siguiente pesar el jugo obtenido y ponerlo en una cazuela con la misma cantidad de azúcar. Hervir al fuego vivo hasta que al levantar la espátula la jalea caiga de modo regular en forma de lágrimas (32° Baumé).

Envasarla en botes de vidrio (previamente escaldados) mientras está caliente. No llenar los botes del todo; parar medio centímetro antes del borde. Taparlos al cabo de 2 o 3 días. Una vez cerrados, hacerlos hervir durante 15 minutos en una olla. Dejar que se enfríen, secarlos y etiquetarlos.

30 + 20 + 15 minutos

Jalea de grosella

Las grosellas pueden cogerse de groselleros silvestres y las hay de varias especies: rojas o negras, sabrosas por igual. En el mercado todo el año se encuentran grosellas cultivadas.

Ingredientes:

- **1/2 kg de grosellas**
- **azúcar según la proporción que se indica**

Preparación

Desgranar las grosellas y enjuagarlas. Verterlas en una cazuela con 150 cc de agua y ponerlo al fuego hasta que hiervan. Reducir la llama y cocerlo 15 o 20 minutos, aplastando las grosellas con una espumadera.

Filtrarlas durante unas cuantas horas en un colador revestido con un trapo fino mojado, sin oprimirlas.

Pesar el jugo obtenido y ponerlo en una cazuela con el mismo peso de azúcar. Cocer al fuego vivo durante 15 o 20 minutos hasta que adquiera la consistencia propia de una jalea, 32° Baumé (cuando al levantar la espátula deja caer lentamente gotas en forma de lágrima).

Envasarla mientras está caliente en botes de vidrio previamente escaldados, sin llenarlos del todo (hasta 1 cm del borde). Taparlos al cabo de 2 o 3 días. Una vez cerrados, hacerlos hervir durante 15 minutos en una olla. Dejar que se enfríen, secarlos y etiquetarlos.

20 + 15 + 15 minutos

Jalea de mora

Para esta jalea es muy importante mezclar moras verdes con las maduras para aportar más pectina a la preparación.

Ingredientes:

- **1 kg de moras maduras (negras)**
- **50 g de moras verdes (rojas)**
- **1 manzana**
- **1 kg de azúcar**
- **1 limón**

Preparación

Enjuagar las moras. Trocear las manzanas, sin pelarlas ni sacarles el corazón. Ponerlo todo en una olla con 250 cc de agua y hervirlo durante 20 minutos mientras se aprieta las frutas con una espumadera para que suelten su jugo.

Verterlas en un colador forrado con un trapo fino mojado y dejar que suelten su jugo durante unas cuantas horas, sin exprimirlas.

Pesar el jugo filtrado y ponerlo en una cazuela con el mismo peso de azúcar. Añadir el zumo del limón y ponerlo al fuego vivo durante 20 o 25 minutos, removiendo y espumando de vez en cuando, hasta que adquiera la consistencia propia de una jalea, 32° Baumé (cuando al levantar la espátula deja caer lentamente gotas en forma de lágrima).

Envasarla mientras está caliente en botes de vidrio previamente escaldados, sin llenarlos del todo (hasta 1 cm del borde). Taparlos al cabo de 2 o 3 días. Una vez cerrados, hacerlos hervir durante 15 minutos en una olla. Dejar que se enfríen, secarlos y etiquetarlos.

20 + 20 + 15 minutos

Jalea de manzana

Sobre pan tostado a la hora de desayunar es una jalea muy sabrosa. También se puede utilizar para pintar pasteles una vez horneados.

El jugo obtenido en la primera etapa de su elaboración puede utilizarse para añadir a la preparación de algunas mermeladas de frutas pobres en pectina, a fin de darles la consistencia adecuada. Será una manera de no tener que añadir manzanas.

Ingredientes:

- **1 kg de manzanas verde variedad granny smith o reineta**
- **azúcar según la proporción que se indica**
- **1 limón**

Preparación

Enjuagar las manzanas y trocearlas sin sacarles la piel o los corazones (sacar únicamente el rabo y los restos de la flor debajo).

Verterlas en una cazuela con 1 litro de agua y el zumo del limón. Ponerla al fuego vivo hasta que el contenido hierva; luego, reducir la llama y dejar que cueza lentamente durante 20 minutos hasta que las manzanas estén bien blandas.

Filtrarlo con un colador revestido con un trapo fino mojado. Dejar que se escurra toda una noche sin aplastar la fruta. Medir el jugo obtenido y si hay más de 600 cc volverlo a poner en el fuego para reducir el exceso. Pesarlo, verterlo en una cazuela y añadir el mismo peso de azúcar. Poner la cazuela a un fuego vivo durante 15 o 20 minutos hasta que adquiera la consistencia propia de una jalea, 32° Baumé (cuando al levantar la espátula deja caer lentamente gotas en forma de lágrima).

Envasarla mientras está caliente en botes de vidrio previamente escaldados, sin llenarlos del todo (hasta 1 cm del borde). Taparlos al cabo de 2 o 3 días. Una vez cerrados, hacerlos hervir durante 15 minutos en una olla. Dejar que se enfríen, secarlos y etiquetarlos.

20 + 15 + 15 minutos

Jalea de manzana con jengibre

Sirve sobre todo para acompañar carnes en general poco sabrosas. Asimismo se puede comer en cantidades discretas sobre una tostada de pan.

Ingredientes:

- **1 kg de manzanas verdes granny smith o reineta**
- **azúcar según la proporción que se indica**
- **50 g de jengibre rallado**
- **1 limón**

Preparación

Enjuagar las manzanas y trocearlas sin pelarlas ni extraerles los corazones (sacar únicamente el rabo y los restos de la flor de la parte inferior).

Ponerlas en una cazuela con 1 litro de agua. Calentar hasta que hierva; luego, reducir la llama y cocerlo lentamente 20 minutos hasta que las manzanas se ablanden. Filtrarlas con un colador revestido con un trapo fino mojado. Dejar que se escurran toda una noche sin aplastar las manzanas. Medir el jugo obtenido y si hay más de 600 cc volverlo a poner en el fuego para reducir el exceso. Pesarlo, verterlo en una cazuela y añadir el mismo peso de azúcar, el jengibre y el zumo del limón. Poner la cazuela a un fuego vivo durante 15 o 20 minutos hasta que adquiera la consistencia propia de una jalea, 32° Baumé (cuando al levantar la espátula deja caer lentamente gotas en forma de lágrima).

Envasarla mientras está caliente en botes de vidrio previamente escaldados, sin llenarlos del todo (hasta 1 cm del borde). Taparlos al cabo de 2 o 3 días. Una vez cerrados, hacerlos hervir durante 15 minutos en una olla. Dejar que se enfríen, secarlos y etiquetarlos.

20 + 15 + 15 minutos

Chutneys

KASUMI
Made in Seki-Japan

Los chutneys son conservas agridulces que sirven para acompañar carnes, patés y quesos, amenizar un plato de patatas o de acelgas hervidas o preparar una original tortilla. También pueden comerse solos, extendidos sobre tostadas de pan o en tartaletas de pasta brisa como aperitivo o como postre; según los ingredientes pueden servirse en cualquier ocasión, según los gustos y la creatividad de cada uno.

Básicamente consiste en un surtido de frutas u hortalizas mezcladas con azúcar, vinagre y especias, preparada a fuego lento. El resultado es un producto almibarado, ácido y picante, de sabor muy diverso, según los ingredientes.

En general, hay que utilizar vinagres suaves de 5° de acidez. Mejor vinagre de manzana que vinagre de vino, normalmente de mayor acidez.

Es originario de India. Durante la época colonial, los ingleses lo preparaban antes de las comidas y no lo guardaban. Al envasarlos y conservarlos un tiempo, los chutneys mejoran su sabor. Una vez abierto el bote hay que guardarlo en la nevera. Es bueno sacarlos un rato antes de comer o calentarlos ligeramente en un microondas.

Los ingleses se acostumbraron a comerlos y cuando tuvieron que regresar a Inglaterra, los continuaron preparando allí. Dado que no tenían las frutas y verduras a las que estaban acostumbrados, empezaron a utilizar las que tenían a mano.

Ahora, se preparan con las especias y frutas típicas de cada país. Como ejemplo, véase la receta del chutney mediterráneo de la página 128 con ingredientes bien distintos a los que se utilizan en India.

Una de las ventajas que tienen es que se pueden preparar en cualquier época del año con los productos de temporada, puesto que no hay una receta estricta y cada uno puede dejar volar su imaginación.

Introducción

Un chutney es algo más que una salsa; es una oportunidad para pasarlo bien preparándolo y mejorándolo con las sugerencias de la familia y los amigos. Y, si se hace bien, el resultado final es una preparación sabrosa y original.

Pickles

Son una variante de los chutneys, fruta entera o troceada confitada en azúcar y vinagre. Un hallazgo gastronómico que debemos agradecer de nuevo a los ingleses.

La palabra *pickle* es de difícil traducción y en este libro se ha optado por llamarlo *agridulce*. Se pueden comer solos, pero van muy bien acompañando a platos de carne asada; su peculiar sabor los hace ligar muy bien.

Relishes

En sentido amplio, *relish* puede traducirse como «deleite», aunque aquí lo restringiremos a «salsa», «acompañamiento». Se trata, en realidad, de una mezcla de verduras y hortalizas cortadas en cubitos pequeñitos, cocinadas ligeramente y condimentadas al gusto de uno. La brevedad de la cocción las diferencia de los chutneys; los ingredientes aquí quedan crujientes. Se le puede añadir alguna fruta.

Su sabor agridulce y picante es el contrapunto ideal a unas chuletas a la brasa o un pollo asado.

Según la cantidad y variedad de especias o condimentos se obtendrá un *relish* dulce, suave y picante o delicadamente amargo, a gusto del consumidor y sus allegados.

Chutney de cebolla

Es un chutney que liga muy bien con charcutería y embutidos, carne de cerdo o carnes a la barbacoa. Se sirve caliente.

Preparación

Cortar las cebollas en rodajas finas y cocerlas en una cazuela con la mantequilla, las ralladuras de la nuez moscada, la canela, y sal y pimienta al gusto.

Cuando la cebolla se ha vuelto transparente se añade el azúcar. Se remueve bien, se tapa y se cuece a fuego lento 30 minutos, removiéndolo de vez en cuando. Añadir el vino y vinagre y cocerlo otra 1/2 hora con la cazuela destapada.

Envasarlo en caliente en botes previamente escaldados, hasta un par de centímetros por debajo del borde. Se tapan y se esterilizan en una olla con agua hirviendo durante 15 o 20 minutos. Se deja que se enfríen, se secan bien y se etiquetan.

Ingredientes:

- **1 kg de cebollas blancas dulces**
- **125 g de mantequilla**
- **100 cc de vinagre de vino tinto**
- **150 cc de vino tinto**
- **200 g de azúcar moreno**
- **1 cucharadita de canela en polvo**
- **1/2 cucharadita de nuez moscada**
- **sal y pimienta**

60 + 15 minutos

Chutney de higos y cebolla

En general, los chutneys son un buen acompañamiento para platos muy variados: verduras, carne a la parrilla o pescado hervido. A medida que se adquiere experiencia cada uno sabrá escoger el chutney adecuado.

Ingredientes:

- **1 kg de higos**
- **1/2 kg de cebollas blancas dulces**
- **400 g de azúcar**
- **200 cc de vinagre de manzana**
- **perejil**
- **nuez moscada**
- **2 g de chili**
- **2 g de granos de mostaza**
- **8 g de jenglbre**
- **sal**

Proparación

Enjuagar los higos y sacarles el cuello. Picar el jengibre con unas ramitas de perejil. Cortar las cebollas en rodajas finas y partirlas en dos. Poner el azúcar, el vinagre y un poco de sal en una cazuela y calentar. Añadir las cebollas, los higos, el jengibre y el perejil, un poco de nuez moscada, el chili y la mostaza. Al arrancar a hervir reducir la llama al mínimo y cocerlo durante 45 minutos hasta que alcance la consistencia adecuada.

Envasarlo en caliente en botes previamente escaldados, hasta un par de centímetros por debajo del borde. Se tapan y se esterilizan en una olla con agua hirviendo durante 15 o 20 minutos. Se deja que se enfríen, se secan bien y se etiquetan.

45 + 15 minutos

Chutney de tomate

Es muy bueno con platos de pasta, arroz y verduras (especialmente las sosas como las acelgas).

Liga bien con los quesos, carnes frías o huevos fritos con bacón.

Ingredientes:

- **1 kg de tomates**
- **1 manzana**
- **225 g de cebolla**
- **225 g de azúcar**
- **500 cc de vinagre de manzana**
- **225 g de pasas de Corinto**
- **1 cucharadita de jengibre cortado en pedacitos**
- **cilantro**
- **canela**
- **chili en polvo**
- **sal al gusto**

Preparación

Escaldar los tomates, pelarlos y trocearlos. Introducirlos en una cazuela con la manzana cortada a trozos, las pasas, la cebolla picada, el azúcar, el vinagre y las especias que se prefieran. Dejarlo cocer 1 hora a fuego lento y con la cazuela destapada.

Envasarlo en caliente en botes previamente escaldados, llenándolos hasta un par de centímetros por debajo del borde. Taparlos y esterilizarlos en una olla con agua hirviendo durante 15 o 20 minutos. Se deja que se enfríen, se secan bien y se etiquetan.

60 + 15 minutos

Chutney mediterráneo

Es un chutney con un cierto regusto a aromas familiares, propios de los guisos tradicionales.

Liga muy bien con las carnes de cordero o de cerdo a la brasa, pero también es muy bueno sobre pan tostado, como aperitivo.

Ingredientes:

- **2 calabazas medianas**
- **2 dientes de ajo**
- **2 cebollas grandes**
- **6 tomates**
- **150 cc de vino tinto**
- **2 cucharadas de aceite de oliva**
- **1 limón**
- **2 cucharadas de miel**
- **150 cc de vinagre de vino tinto**
- **hierbas aromáticas según el gusto (romero, tomillo, salvia, orégano, ajedrea u otras)**
- **sal y pimienta**

Preparación

Partir las hortalizas a trozos y rehogarlas en una cazuela con el vino durante unos 20 minutos. Salpimentar al gusto y añadirle el aceite, el vinagre, el zumo del limón y las hierbas dentro de una bolsita de tela.

Cocerlo a fuego lento, removiendo de vez en cuando hasta que adquiera consistencia. Al final, añadir la miel y cocerlo otros 10 minutos todo junto, removiendo periódicamente.

Sacar la bolsita de las hierbas.

Envasarlo en caliente en botes previamente escaldados, hasta un par de centímetros por debajo del borde. Se tapan y se esterilizan en una olla con agua hirviendo durante 15 o 20 minutos. Se deja que se enfríen, se secan bien y se etiquetan.

20 + 25 + 15 minutos

Chutney de frutos secos

Es un chutney que se combina muy bien con las carnes asadas y el pollo al horno. Tiene un gusto que recuerda vagamente el sabor del relleno tradicional del pavo navideño.

Ingredientes:

- **2 manzanas golden**
- **100 g de orejones (albaricoques secos)**
- **100 g de ciruelas secas sin hueso**
- **50 g de pasas de Corinto**
- **25 g de piñones**
- **1 limón**
- **150 cc de vinagre de manzana**
- **100 g de azúcar**
- **1 corteza de canela**
- **30 g de jengibre rallado**

Preparación

Remojar los orejones durante 1 hora. Pelar las manzanas, extraerles los corazones y trocearlas. Cortar los orejones y las ciruelas en daditos. Rallar la piel del limón.

Verterlo todo en una cazuela y añadir los demás ingredientes. Cocerlo a fuego lento durante unos 45 minutos con la cacerola tapada, removiendo de vez en cuando hasta que adquiera la consistencia adecuada. Sacar la corteza de canela.

Envasarlo en caliente en botes previamente escaldados, hasta un par de centímetros por debajo del borde. Se tapan y se esterilizan en una olla con agua hirviendo durante 15 o 20 minutos. Se deja que se enfríen, se secan bien y se etiquetan.

45 + 15 minutos

Chutney de limón

Sirve para acompañar carnes frías. También es muy bueno con un surtido de quesos.

Ingredientes:

- **5 limones grandes**
- **1 manzana tirando a verde**
- **250 g de cebollas**
- **250 de azúcar moreno**
- **50 g de pasas de Corinto**
- **200 cc de vinagre de manzana**
- **20 g de jengibre rallado**
- **1 cucharadita de sal**

Preparación

Enjuagar los limones y cortarlos en rodajas. Sacar las pepitas.

Ponerlos en un recipiente, añadir las cebollas picadas y sal y dejarlo reposar toda una noche.

Pelar la manzana y trocearla. Verter los limones, las cebollas y los trozos de manzana en una cazuela con abundante agua. Calentarlo a fuego suave, removiendo de vez en cuando hasta que los limones se ablanden.

Añadir el azúcar, el vinagre, las pasas y el jengibre; dejar que cueza a fuego lento durante 1 hora más o menos, mientras se va removiendo.

Envasarlo en caliente en botes previamente escaldados, hasta un par de centímetros por debajo del borde. Se tapan y se esterilizan en una olla con agua hirviendo durante 15 o 20 minutos. Se deja que se enfríen, se secan bien y se etiquetan.

60 + 15 minutos

Chutney de mango

Quizá es el chutney más típico. El dulzor del mango contrasta con el sabor picante del jengibre y el chili. Liga muy bien con cualquier tipo de carne y con los quesos cremosos; untado sobre una tostada con queso es un aperitivo ideal.

Esta receta vale también para melocotones o papayas.

Ingredientes:

- **3 mangos**
- **180 cc de vinagre de manzana**
- **120 g de azúcar moreno**
- **60 g de cebolla**
- **60 g de pimiento rojo**
- **60 g de pimiento verde**
- **30 g de jengibre rallado**
- **60 cc de zumo de limón**
- **5 g de sal**
- **3 g de chili seco en escamas**
- **60 g de orejones (albaricoques secos)**

Preparación

Pelar los mangos. Para facilitarlo, hacer dos cortes cruzados en la base y remojarlos 2 o 3 minutos en agua hirviente. Luego, enjuagarlos en agua fria y sacarles la piel. Trocear la parte carnosa.

Cortar la cebolla y los pimientos en dados.

Colocar todos los ingredientes juntos en una cazuela y ponerla al fuego vivo; cuando arranque a hervir, reducir la llama y cocerlo entre 45 y 60 minutos, hasta que se empiece a espesar. Si queda excesivamente caldoso, filtrar el jugo y hervirlo aparte hasta que se reduzca a la mitad. Verterlo en la cazuela y cuando hierva de nuevo, apartarla del fuego.

Envasarlo en caliente en botes previamente escaldados, hasta un par de centímetros por debajo del borde. Se tapan y se esterilizan en una olla con agua hirviendo durante 15 o 20 minutos. Se deja que se enfríen, se secan bien y se etiquetan.

55 + 15 minutos

mango

Chutney de papaya y piña

La papaya es el fruto de un árbol originario de Centroamérica que hoy se cultiva en muchos países templados, conocida también como «melón de árbol».

Contiene, sobre todo las hojas, una enzima llamada papaína que digiere las proteínas. Ya los indígenas precolombinos lo habían observado y cuando cazaban animales viejos de carnes muy duras, los envolvían con hojas de papayo para ablandarla.

Da un toque original a ciertas ensaladas, como sustituto de la mayonesa.

Liga muy bien con el tocino asado, el rosbif y los patés.

Ingredientes:

- **700 g de piña tropical (pelada y sin el eje central)**
- **400 g de papaya (limpia y pelada)**
- **230 g de cebolla**
- **400 g de azúcar moreno**
- **300 cc de vinagre de manzana**
- **120 g de dátiles limpios**
- **30 g de jengibre**
- **1 limón**
- **2 g de sal**
- **2 g de chili picado**
- **5 g de canela en polvo**

Preparación

Cortar la piña y la papaya en dados de 1 cm. Picar la cebolla y trocear los dátiles. Introducirlo todo en una cazuela y añadir el jengibre muy bien picado, el chili, el azúcar, el vinagre, la sal y las ralladuras de la piel del limón. Poner la cazuela al fuego vivo y cuando arranque a hervir reducir la llama. Dejar que todo cueza lentamente durante una hora o una hora y media, removiendo de vez en cuando hasta que adquiera suficiente consistencia como para que se pegue a una cuchara.

Envasarlo en caliente en botes previamente escaldados, hasta un par de centímetros por debajo del borde. Se tapan y se esterilizan en una olla con agua hirviendo durante 15 o 20 minutos. Se deja que se enfríen, se secan bien y se etiquetan.

75 + 15 minutos

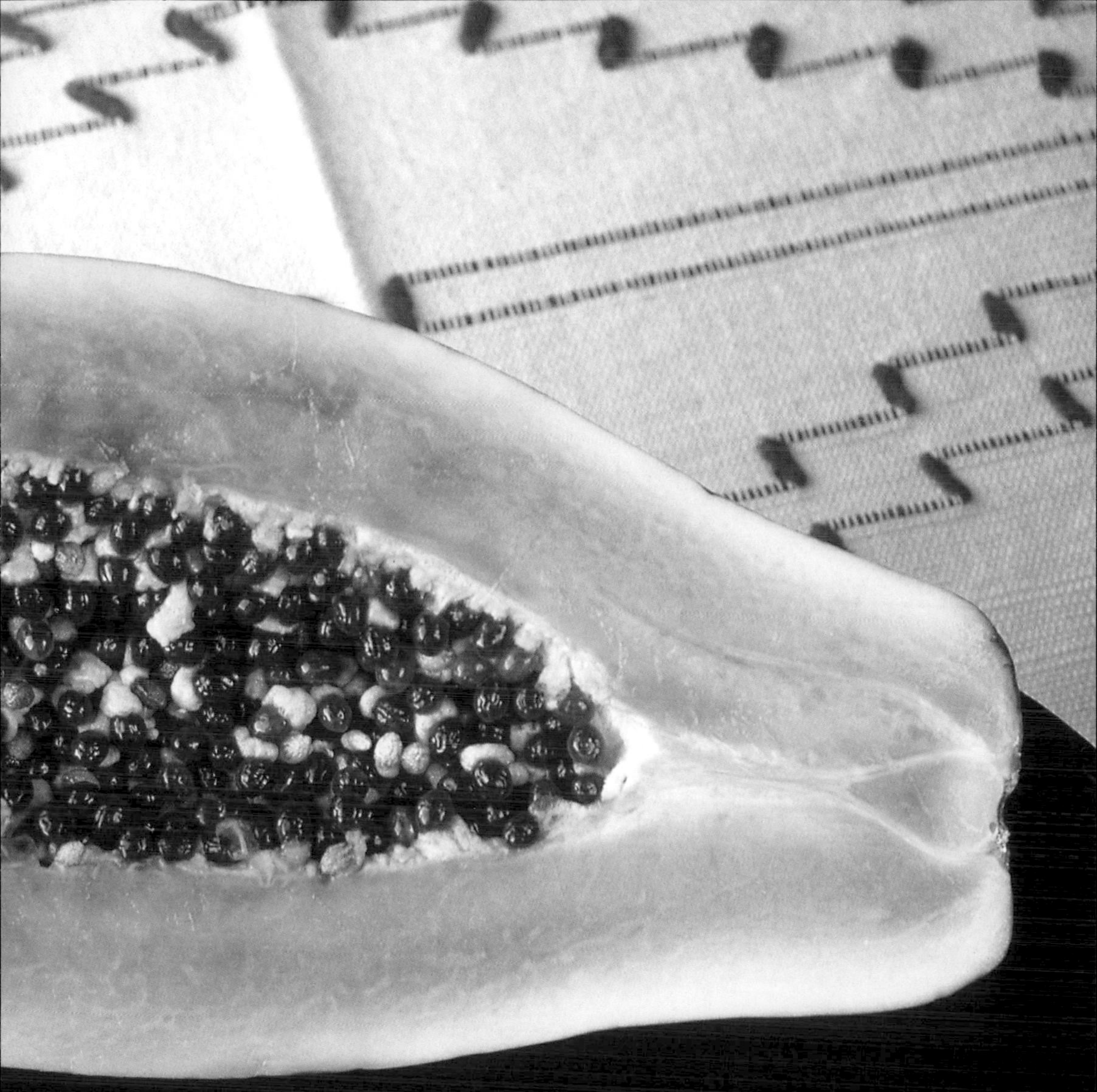

Chutney de zanahoria y coco

Es un chutney muy popular; por su gusto picante liga bien con casi todos los platos. Mezclando media taza de chutney triturado y 200 g de queso Philadolphia se prepara un unto de sabor exquisito, muy apropiado para llenar tartaletas de pasta brisa y servirlas en un pica-pica o en un aperitivo.

Ingredientes:

- **2 kg de zanahorias**
- **2 naranjas**
- **1 limón**
- **600 g de azúcar moreno**
- **350 cc de vinagre de manzana**
- **1 taza de láminas finas de coco**
- **150 g de orejones (albaricoques secos) troceados**
- **30 g de jengibre rallado**
- **10 g de semillas de mostaza**
- **3 g de chili**
- **1 corteza de canela**

Preparación

Pelar las zanahorias y cortarlas en rodajas finas. Ponerlas en un cazo con agua y hervirlas 35 minutos, hasta que se ablanden del todo. Chafarlas con un tenedor hasta obtener una masa blanda.

Pelar las naranjas y el limón con un cuchillo bien afilado para poder sacar la piel sin el velo blanco interior. Cortarlas en tiras muy finas y reservarlas. Limpiar la piel blanca que haya quedado en las naranjas y el limón y cortarlos a trozos, sacándoles las pepitas. Poner el vinagre, el azúcar y los trozos de naranja y limón en una cazuela. Llevarlo a ebullición y luego reducir la llama durante 5 minutos.

Añadir el resto de ingredientes y corregir el punto de sal. Subir la llama un poco y mantener el hervor durante 30 o 40 minutos, removiendo con frecuencia hasta que se espese y adquiera la textura deseada. Al final hay que remover sin parar si no se quiere que se pegue.

Sacar la corteza de canela.

Envasarlo en caliente en botes previamente escaldados, hasta un par de centímetros por debajo del borde. Se tapan y se esterilizan en una olla con agua hirviendo durante 15 o 20 minutos. Se deja que se enfríen, se secan bien y se etiquetan.

35 + 5 + 35 + 15 minutos

Chutney de manzana

Liga muy bien sobre una lámina de queso fresco sobre tostadas; el dulzor del queso contrasta con el picante de las especias.

Ingredientes:

- **1 kg de manzanas granny smith**
- **100 g de azúcar moreno**
- **100 cc de vinagre de manzana**
- **50 g de jengibre rallado**
- **1/2 cucharadita de canela en polvo**
- **1/2 cucharadita de comino molido**
- **2 cucharaditas de nueces trituradas**
- **pimienta y sal**

Preparación

Pelar las manzanas, extraerles los corazones, trocearlas y ponerlas en una cazuela. Añadir el azúcar moreno, el jengibre, el vinagre, la canela, el comino, la sal y la pimienta.

Mezclarlo todo y calentarlo a fuego reducido durante 45 minutos con la cacerola tapada. De vez en cuando, no muy a menudo, abrir la cazuela y remover. Luego, añadir las nueces y apartarlo del fuego.

Envasarlo en caliente en botes previamente escaldados, hasta un par de centímetros por debajo del borde. Se tapan y se esterilizan en una olla con agua hirviendo durante 15 o 20 minutos. Se deja que se enfríen, se secan bien y se etiquetan.

45 + 15 minutos

Agridulce de cereza

Es una manera de preparar las cerezas que suele ser muy bien acogida a la hora del aperitivo. Se sirven en platillos como si fueran aceitunas.

Ingredientes:

- **1 kg de cerezas**
- **1/2 l de vinagre**
- **1/2 kg de azúcar**
- **1/2 cucharadita de clavos de especia**
- **1 cucharadita de jengibre rallado**
- **1 corteza de canela**
- **1 limón**

Preparación

Hervir durante 10 o 15 minutos el vinagre con el azúcar, las especias y la piel del limón.

Poner las cerezas en un cuenco de vidrio de boca ancha, verter encima el jarabe de vinagre y dejarlo reposar 2 o 3 días.

Sacar del cuenco las cerezas y hacer hervir de nuevo el vinagre en una cazuela, añadiendo un poco de vinagre fresco.

Poner las cerezas en botes de vidrio previamente escaldados y llenarlos con el vinagre caliente (sin la piel de limón) hasta llegar a 2 cm del borde. Taparlos y esterilizarlos en una olla con agua hirviendo durante 15 o 20 minutos. Se deja que se enfríen, se secan bien y se etiquetan.

Antes de servirlas hay que esperar un mes.

10 + 5 + 15 minutos

Agridulce de pera

Para preparar este y otros pickles *se puede utilizar vinagre especiado. En el caso presente proponemos añadirle canela, clavos y anís estrellado, pero nada impide que el lector deje volar su imaginación. El vinagre especiado se conserva bien y se puede hacer servir otras veces, sea para preparar chutneys y* pickles, *sea para aliñar una ensalada.*

Ingredientes:

- **1 kg de peras pequeñas**
- **600 cc de vinagre de vino blanco**
- **250 g de azúcar**
- **1 corteza de canela**
- **10 clavos**
- **5 estrellas de anís**

Preparación

Para especiar el vinagre, verterlo en un cazo y calentarlo; luego, añadir las especias. Removerlo todo y calentarlo unos 15 minutos sin dejar que hierva. Dejarlo reposar 2 o 3 días. Luego, filtrarlo y guardarlo en una botella que cierre bien.

Pelar las peras y dejarlas enteras, conservando el rabo. Ponerlas en una cazuela.

Calentar el vinagre a fuego suave y añadirle el azúcar, removiéndolo poco a poco hasta que se disuelva. Verterlo inmediatamente sobre las peras de la cazuela y calentarlas sin dejar que hiervan, para lo que habrá que apartarlas y volverlas a poner al fuego.

Sacar las peras y ponerlas en botes previamente escaldados. Poner otra vez en el fuego el vinagre y mantenerlo caliente durante 15 minutos. Luego verterlo sobre las peras sin llegar al borde de los botes, dejando un par de centímetros de aire.

Cerrarlos y esterilizarlos durante 15 o 20 minutos en agua hirviendo. Dejar que se enfríen, secarlos bien y etiquetarlos.

Debe reposar un mes antes de servirse.

35 + 5 + 15 + 15 minutos

Agridulce de melocotón

La fruta para todos los agridulces ha de ser fuerte y un poco verde, para que cuando se adorne con el agridulce un plato de carne asada los trozos sean enteros y consistentes.

Ingredientes:

- **2 kg de melocotones**
- **600 cc de vinagre de manzana**
- **1 kg de azúcar**
- **1 limón**
- **1 cucharada de clavos de especia**
- **1 corteza de canela**
- **1 cucharadita de jengibre rallado**

Preparación

Pelar los melocotones, partirlos por la mitad y sacar el hueso.

Hacer una bolsa de gasa con las especias y la piel del limón en su interior.

Verter el vinagre y el azúcar en una cazuela y calentarlo, removiendo hasta que se disuelva el azúcar. Entonces, añadir los melocotones y la bolsita de especias. Dejar que cueza lentamente hasta que los melocotones se ablanden.

Ponerlos en botes de vidrio de boca ancha. Reducir el jarabe hasta que se espese y echarlo en los botes, dejando un par de centímetros de aire.

Cerrarlos y esterilizarlos durante 15 o 20 minutos en agua hirviendo. Dejar que se enfríen, secarlos bien y etiquetarlos.

Debe reposar un mes antes de servirse.

20 + 15 + 15 minutos

Agridulce de higos

Los agridulces son ideales para acompañar carnes asadas; ligan muy bien con ellas. Las frutas colocadas a un lado del plato le dan un toque original y le otorgan prestancia.

Ingredientes:

- **1 kg de higos (preferentemente cuello de dama)**
- **1/2 l de vinagre de manzana**
- **1/2 kg de azúcar**
- **1 corteza de canela**
- **1 limón**
- **3 clavos de especia**

Preparación

Enjuagar los higos, secarlos y reservarlos.

Verter el vinagre y el azúcar en una cazuela y calentarlo mientras se revuelve la mezcla para homogeneizarla, Añadir la canela, la piel del limón y los clavos. Verter los higos y cocerlo todo a fuego reducido durante 10 minutos, removiendo de vez en cuando.

Sacar los higos y ponerlos en botes de vidrio previamente escaldados.

Poner la cazuela de nuevo en el fuego y dejar que el jugo hierva 15 minutos para que se concentre. Una vez espesado, filtrarlo y llenar los botes hasta 2 cm del borde. Cerrarlos y esterilizarlos durante 15 o 20 minutos en agua hirviendo. Dejar que se enfríen, secarlos bien y etiquetarlos.

Debe reposar un mes antes de servirse.

10 + 15 + 15 minutos

Relish de frutas

Es un relish *que, con su punto de dulzor aportado por las frutas y el sabor picante que le dan las especias, tiene un gusto muy original que liga bien con la carne de cerdo asada o al horno. Es ideal para aderezar un plato de espárragos.*

Se puede preparar con otras frutas, melocotones o nectarinas, mientras sean de carne firme; si no, al guisarlas se van a deshacer, lo que dará al traste con la gracia de todos los relishes*: que los dados queden enteros, diferenciados y ligeramente crujientes.*

Ingredientes:

- **250 g de tomates verdes**
- **75 g de cebolla**
- **2 kiwis**
- **1 mango**
- **125 g de pulpa de piña natural**
- **200 cc de vinagre de manzana**
- **150 g de azúcar**
- **1 limón**
- **1 cucharadita de cilantro picado**
- **1/2 cucharadita de chili picado o de pimienta negra**
- **1 cucharadita de sal**

Preparación

Enjuagar bien las hortalizas y la fruta. Pelar los kiwis, el mango y los tomates.

Cortar en dados pequeños iguales la cebolla, la pulpa de la piña, los tomates, los kiwis y el mango.

Mezclarlo todo en un recipiente, añadir el azúcar y el zumo de limón. Dejarlo reposar 3 horas, filtrarlo y reservarlo.

Poner el vinagre, el azúcar, el chili y el cilantro picado en una cazuela grande. Calentarlo a fuego lento 8 o 10 minutos, removiendo constantemente.

Añadir las hortalizas y la fruta y guisarlo a fuego vivo durante 10 o 15 minutos, removiendo con cuidado para no aplastar los daditos, hasta que casi no quede jugo.

Envasarlo en botes previamente escaldados, llenándolos hasta 1 cm por debajo del borde. Taparlos y esterilizarlos en una olla con agua hirviendo durante 15 minutos. Se deja que se enfríen, se secan bien y se etiquetan.

10 + 10 + 15 minutos

Relish de pepino y zanahoria

Este relish, *con el leve aroma anisado que le da el hinojo, liga muy bien tanto con carnes frías como con hamburguesas y carnes a la brasa.*

Ingredientes:

- **300 g de pepinos pelados**
- **150 g de zanahorias**
- **100 g de cebolla**
- **200 cc de vinagre de manzana**
- **200 g de azúcar**
- **2 cucharaditas de semillas de mostaza**
- **1 cucharadita de semillas de hinojo**
- **3 g de sal**

Preparación

Cortar los pepinos pelados y la cebolla en cubitos iguales. Rallar la zanahoria. Juntarlo todo en un recipiente, añadir la sal y dejarlo reposar 3 horas.

Luego, filtrarlo y apretar las verduras con una espátula para que suelten el agua, cuidando de no chafarlas. Reservarlas.

Poner el azúcar, el vinagre y las especias en una cazuela y calentarlo todo sin que llegue a hervir. Antes, reducir la llama y dejar que se cueza lentamente unos 10 minutos, removiéndolo.

Se añaden las verduras reservadas y se guisa al fuego vivo unos 7 u 8 minutos, hasta que hayan reabsorbido casi todo el jugo.

Envasarlo en caliente en botes previamente escaldados, llenándolos hasta 1 cm por debajo del borde. Taparlos y esterilizarlos en una olla con agua hirviendo durante 15 minutos. Se deja que se enfríen, se secan bien y se etiquetan.

10 + 8 + 15 minutos

Relish de pimiento y tomate con frutas

Este relish *va bien con todo, aunque es especialmente indicado para un plato de pasta con queso parmesano.*

Ingredientes:

- **1 pimiento rojo**
- **2 tomates de ensalada**
- **2 cebollas medianas**
- **2 manzanas golden**
- **1 naranja**
- **1 mango**
- **100 cc de vinagre de manzana**
- **200 g de azúcar**
- **10 g de jengibre picado**
- **1 cucharadita de pimienta de Cayena o de chili picante**
- **1 cucharadita de sal**

Preparación

Enjuagar frutas y hortalizas. Pelar los tomates, la cebolla, el mango y las manzanas eliminando hueso y semillas. Cortarlo todo en daditos. Ponerlo en un recipiente con la sal y dejarlo reposar 4 horas.

Poner el vinagre, el azúcar, el zumo de la naranja y las especias en una cazuela grande. Calentarlo todo hasta que hierva y cocerlo 5 minutos más a fuego suave, sin dejar de removerlo.

Añadir las hortalizas y la fruta; cocerlo a fuego vivo entre 10 y 15 minutos, removiendo con cuidado para no deshacer los cubitos. Cuando se esté acabando el jugo, retirarlo del fuego.

Envasarlo en caliente en botes previamente escaldados, llenándolos hasta 1 cm por debajo del borde. Taparlos y esterilizarlos en una olla con agua hirviendo durante 15 minutos. Se deja que se enfríen, se secan bien y se etiquetan.

5 + 15 + 15 minutos

Anexos

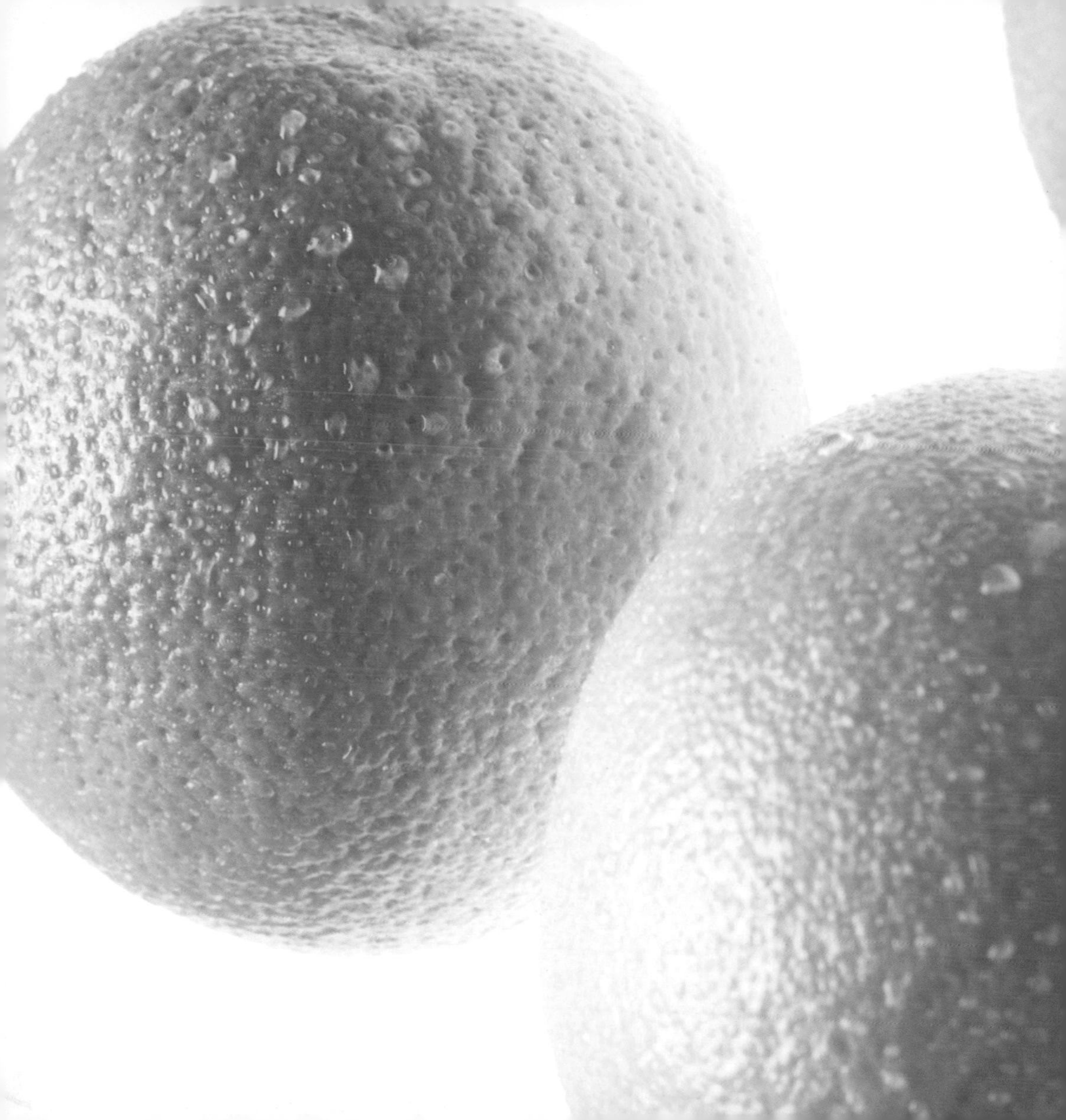

Mientras preparábamos este libro hemos pensado a menudo en aquellas personas que por motivos de salud no pueden disfrutar de las mermeladas en su dieta.

No hace falta decir que quienes siguen un régimen alimenticio bajo en calorías, sea por decisión propia o por prescripción médica, deberán olvidarse de las confituras, productos muy calóricos que aportan unas 190 kcal por cada 100 g.

A los celíacos y diabéticos les proponemos algunas recetas que les permitirán disfrutar de una buena mermelada casera sin que les afecte su salud.

Celíacos

La celiaquía es una enfermedad autoinmune que provoca una reacción cuando las personas que la sufren ingieren gluten, que altera las vellosidades del intestino delgado responsables de la absorción de los nutrientes presentes en los alimentos, causando desnutrición y pérdidas de peso.

El gluten es una proteína presente en la mayoría de cereales, asociada al almidón. Es el caso del trigo, donde es responsable de la elasticidad y esponjamiento de la masa de pan. También está presente en el centeno, la cebada, la avena y otros cereales. En cambio, el arroz y el maíz no lo contienen.

Aunque el celíaco evite ingerir estos cereales, no puede evitar el gluten contenido en los alimentos preparados o precocinados y en las conservas industriales, que pueden estar contaminados.

Mermeladas especiales

La ventaja de una mermelada casera es que se puede garantizar la ausencia de gluten.

Un celíaco puede consumir perfectamente las preparaciones caseras, sobre todo si se tiene cuidado en utilizar utensilios perfectamente limpios, libres de cualquier contaminación anterior; una persona afectada por esta condición puede reaccionar a la presencia de gluten en proporciones muy pequeñas. La tolerancia se mide en partes por millón.

No daremos ninguna receta especial para celíacos porque todas las de este libro ya son aptas, siempre y cuando se extremen las precauciones al prepararlas.

Diabéticos

La diabetes es una enfermedad crónica que sufren quienes tienen mermado el funcionamiento del páncreas y, en consecuencia, no disponen de suficiente insulina para regular la glucosa (o el azúcar, si se quiere) de la sangre.

Esto les provoca un trastorno en el metabolismo de los hidratos de carbono que se traduce en un aumento de la glucosa en su sangre y, por ende, en su orina.

La función de la insulina consiste en facilitar la entrada de la glucosa en las células del cuerpo, donde se metaboliza y libera energía.

La insulina es como una llave que abre la puerta de las células. Cuando falta, la glucosa no puede entrar y permanece en la sangre; no se aprovecha y el paciente presenta síntomas de debilidad y cansancio aparte de otros efectos que minan su salud.

Varias veces al día, los diabéticos tienen que controlar el nivel de glucosa en su sangre, ajustando su dieta y la dosis de insulina a fin de mantener su equilibrio. Hoy día existen pequeños aparatos de uso sencillo que los diabéticos utilizan para este control.

El diabético logra mantenerse en un buen estado de salud conservando el nivel de glucosa dentro de los límites que otra persona sana alcanza sin más, gracias a que su páncreas le segrega automáticamente la insulina que necesita en cada momento. Los valores normales oscilan entre los 0,80 y 1 gramo de glucosa por litro de sangre.

Al ingerir azúcar corriente, la sacarosa, se absorbe rápidamente transformándose en glucosa y fructosa que pasan al torrente sanguíneo. En el diabético, esto provoca un ascenso brusco del nivel de glucosa en la sangre que tiene efectos perjudiciales.

La fructosa es el azúcar que está en las frutas. Endulza tres o cuatro veces más que la sacarosa; por lo tanto, basta con un 30% del peso del azúcar corriente que se haría servir.

Se absorbe más lentamente que la sacarosa y no provoca aumentos súbitos del azúcar en la sangre.

Por esto, la mermelada donde la fructosa es lo que la endulza es un producto más idóneo para los diabéticos, aunque como no se ha sustituido el azúcar por un edulcorante inofensivo (tipo sacarina) sino por un producto natural (la fructosa, al fin y al cabo un azúcar) el diabético deberá ser moderado en su consumo.

Mermelada de manzana para diabéticos

No es sino la clásica mermelada de manzana a la que se le ha sustituido el azúcar corriente por fructosa en la proporción adecuada para que resulte dulce. La fructosa se adquiere en las farmacias.

Es importante que se lea cuidadosamente la introducción de este apartado (las tres páginas anteriores) antes de consumir esta mermelada.

Ingredientes:

- **1 kg de manzanas golden**
- **300 g de fructosa**
- **1 limón**
- **1 vaina de vainilla**

Preparación

Pelar las manzanas, sacarles el corazón, trocearlas, rociarlas con el zumo de limón y reservarlas aparte.

Hervir durante 25 o 30 minutos las mondaduras, los corazones y las semillas de manzana en una cazuela con agua que cubra. Filtrar este jugo y verterlo de nuevo en la cazuela, junto con las manzanas, la fructosa, la vaina de vainilla y la piel del limón.

Hervirlo lentamente 30 o 35 minutos, sacudiendo la cazuela de vez en cuando hasta que las manzanas estén bien cocidas y traslúcidas. Sacar la vainilla y la piel de limón.

Envasarlo en botes previamente escaldados. Taparlos y esterilizarlos en una olla con agua hirviendo durante 15 minutos. Se deja que se enfríen, se secan bien y se etiquetan con la indicación «Tolerada por diabéticos».

25 + 30 + 15 minutos

Confitura de naranja para diabéticos

Al preparar cualquier mermelada o confitura que sea tolerada por los diabéticos hay que recordar que la fructosa, tal como se explica en la pág. 154, es un azúcar que debe consumirse con moderación. Además, hay que tener en cuenta que la fruta ya contiene fructosa y que, por lo tanto, no es recomendable utilizar frutas demasiado dulces, como los higos o el melón.

Ingredientes:

- **1/2 kg de naranjas**
- **250 g de fructosa**
- **1 limón**

Preparación

Enjuagar las naranjas y cortarlas en láminas finas con un cuchillo afilado o una mandolina. Dejarlas a remojo durante un día en un recipiente con agua abundante.

Escurrirlas bien y ponerlas en una cazuela. Añadir 1/2 litro de agua y el zumo del limón. Tapar la cazuela y ponerla al fuego lento durante 90 minutos.

Luego, añadir la fructosa y cocer 20 o 30 minutos más a fuego vivo, con la cacerola destapada, removiendo y espumando. Según el tiempo que hierva quedará más o menos espesa. Es cuestión de encontrar el punto adecuado para el gusto de cada uno.

Envasarlo en botes previamente escaldados. Taparlos y esterilizarlos en una olla con agua hirviendo durante 15 minutos. Se deja que se enfríen, se secan bien y se etiquetan con la indicación «Tolerada por diabéticos».

90 + 25 + 15 min

Regalos del corazón y la despensa (Último mensaje de las autoras)

Al llegar al final de este libro nos ha preocupado cómo deberíamos terminarlo y no nos ha parecido bien que las últimas líneas se dedicaran simplemente a explicar cómo se envasan las mermeladas.

Hemos creído que lo que se imponía era enviar un mensaje a todos cuantos estén dispuestos a dedicar una parte de su tiempo a preparar conservas originales con las que obsequiar a sus amigos y familiares; como es sabido, el placer es doble: prepararlas y regalarlas.

No es el precio lo que marca el valor de un regalo. Ofrecer una buena mermelada hecha en casa representa la oportunidad de darle a una persona algo único y que no está en venta: nuestro tiempo, nuestra creatividad y el esmero que hemos puesto en hacerla.

En verano es cuando frutas y verduras están en su mejor momento y son más baratas y abundantes. Es el momento de preparar mermeladas, salsas y condimentos, y conservarlos. Será una fuente perenne de delicados obsequios que todos apreciarán: un sabroso chutney o un *relish* con los que realzar una barbacoa o una jalea para desayunar. Para ello hay que mimar la presentación, cubriendo la tapa con un trocito de tela bonita atada con un cordel. Sin descuidar la etiqueta: de buen gusto, con letras vistosas o quizá un dibujito alusivo al contenido. Quizás alguien os puede ayudar.

Si ya se trata de regalos de Navidad o para festejar algún acontecimiento, habrá que pensar en preparar un cestito con un surtido de mermeladas o en una caja con chutneys variados. Habrá que envolverlo con gracia para que, al final, sea un verdadero regalo del corazón y la despensa.

Si pensáis en los gustos y preferencias de la persona destinataria del obsequio y escogéis aquella mermelada o aquel chutney que más le gusta, seguro que al recibirlo será un poco más feliz y vosotros tendréis aquella agradable satisfacción que sólo se consigue haciendo felices a los demás.

MERMELADAS Y CONFITURAS

Índice de recetas